100 Famous Harbours Youngsters Should Know

青少年
应当知道的 100 个
著名海港

主　　编◎杨立敏

文稿编撰◎田　潇　戴嘉卉　王晓霞

图片统筹◎张永美　邓志科

中国海洋大学出版社

CHINA OCEAN UNIVERSITY PRESS

海洋启智丛书

总主编　杨立敏

编委会

主　任　杨立敏
副主任　李夕聪　魏建功
委　员　(以姓氏笔画为序)
　　　　刘宗寅　朱　柏　李夕聪　李学伦
　　　　李建筑　杨立敏　邵成军　赵广涛
　　　　徐永成　魏建功

总策划
朱　柏

执行策划
邵成军　邓志科　由元春　乔　诚　赵　冲

写在前面

　　海洋，广阔浩瀚，深邃神秘。她是生命的摇篮，见证着万千生命的奇迹；她是风雨的故乡，影响着全球气候变化。她是资源的宝库，蕴含着丰富的物产；她是人类希望之所在，孕育着经济的繁荣！在经济社会快速发展的21世纪，蔚蓝的海洋更是激发了无尽的生机。蓝色经济独树一帜，海洋梦想前景广阔。

　　为了引导广大青少年亲近海洋、了解海洋、热爱海洋，中国海洋大学出版社依托中国海洋大学的海洋特色和学科优势，倾情打造"海洋启智丛书"。丛书以简约生动的语言、精彩纷呈的插图、优美雅致的装帧，为中小学生提供了喜闻乐见的海洋知识普及读物。

　　本丛书共五册，凝聚着海洋知识的精华，从海洋生物、海洋资源、海洋港口、海洋人物及海洋故事的不同视角，勾勒出立体壮观的海洋画卷。翻开丛书，仿佛置身于海洋

的广阔世界：这里的海洋生物遨游起舞，为你揭开海洋生物的神秘面纱，呈现海洋生命的曼妙身姿；这里的海洋资源丰富，使你在海洋的怀抱中，尽情领略她的富饶；这里的海港各具特色，如晶莹夺目的钻石，独具魅力；这里的海洋人物卓越超群，人生的智慧在书中熠熠闪光；这里的海洋故事个个精彩，神秘、惊险与趣味并存，向你诉说海洋的无限神奇。

海洋，是一部永远被传诵的经典。她历经亿万年的沧桑变迁，从远古走来，一路或壮怀激烈，或浅吟轻唱，向人们讲述着亘古的传奇。海洋胸怀广阔，用她的无限厚爱，孕育苍生。蓝色的美丽，蓝色的情怀，蓝色的奇迹，蓝色的梦想！

我们真切希望本丛书能给向往大海的中小学生带来惊喜，给热爱海洋的读者带来收获。祝愿伟大祖国的海洋事业蒸蒸日上！

杨立敏

2015 年 12 月 23 日

前言

　　这里浪花翻滚,碧波荡漾,绵延深深海洋情;

　　这里航船众多,满载而行,追寻远方无限憧憬;

　　这里物资吐纳,沟通世界,牵动港城未来发展。

　　这里是魅力四射的海港,建于大海之畔,迎送着故人新知,容纳着来往航船。

　　海港充满活力,各具特色,深受大自然眷顾。大片的海湾碧波荡漾,无数航船在此停泊。坚实的码头繁忙有序,迎送往来的船只。长长的防波堤,阻挡着层层海浪。海港旁,或绿意流转,或五光十色。蓝天白云下,汽笛高歌,航船川流不息;夜幕降临,船索轻摆,灯火掩映。

　　每一座繁华海港的背后,都有着深厚的历史与情怀,在不断发展壮大中,发挥着巨大的作用,创造着不一样的奇迹!沧桑大港,历经风云变幻,迎来新生;年轻丽港,昂

扬青春，活力四射。现代化设施提高装卸效率，立体化交通助力海港，势力不断伸展。泊位的增加代表着海港的成长，吞吐量的上升是繁荣的见证。一座海港，牵动着城市的发展，引领着经济的繁荣。吐纳间，贸易流转，聚集财富，续写蓝色辉煌！

海港魅力各具。亚洲海港潜力无限，欧洲海港温雅古典，大洋洲海港典雅旖旎，美洲海港融洽多元，非洲海港繁忙热情。海港姿态万千，或活跃灵动，或内敛沉稳，或温柔婉约，或满怀豪情。世界海洋因此精彩，生机勃勃！

本书共 6 部分，选取了世界著名海港 100 个，包括亚洲海港 44 个、欧洲海港 26 个、大洋洲海港 4 个、北美洲海港 9 个、南美洲海港 6 个、非洲海港 11 个。

让我们以此书为始，拥港入怀，揭开海港面纱，观赏海港靓影，聆听海港曾经的过往，感受书页间流淌的海洋深情。

目录

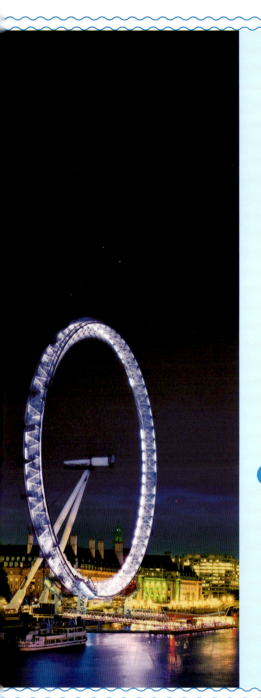

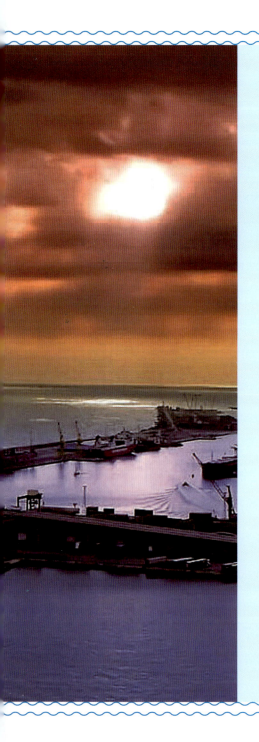

第一部分

亚洲海港

亚洲濒临广阔海域,海港巍然屹立。古老大港久经沧桑、迎来希望,年轻丽港充满激情、活力无限。这里的海港繁华忙碌,是所在国家对外开放的窗口;这里的海港潜力无限,是亚洲国家发展壮大的助推器!

1. 丹东港

东北东部门户

丹东港,位于辽东半岛东部,鸭绿江入海口西岸,背负东北,南临黄海,毗邻大连。丹东港是我国东北东部地区一个著名的国际贸易商港,位于我国大陆海岸线最北端。丹东港成为中国东北东部地区与俄罗斯、蒙古、韩国、日本连接的物流通道。目前,丹东港业务繁忙,已经与 70 多个国家和地区的大大小小的港口开展了合作,不仅开通了散杂货、集装箱航线服务,而且开通了客运航线等服务。

⬆ 丹东港粮食专业化泊位

东北亚交通枢纽

丹东港港区由大东港、浪头港区和海洋红港区组成。丹东港在我国东北东部地区有着举足轻重的地位,借助这个出海口,东北东部地区的货物能够很便捷地输出。另外,丹东港的存在,也能够大大缓解东北三省中部地区的铁路、公路等交通运输压力,还使东北东部城市群直接通过丹东港进入黄渤海沿海城市,走向东南沿海以及东南亚地区。

丹东港史话

丹东港的历史,算不上悠久。1882 年,清政府与朝鲜订立《中江通商章程》,宣布在安东开辟市场与朝鲜直接通商。1907 年,清政府宣布安东为贸易港。安东港就是后来的丹东港。100 多年的时光,丹东港焕然一新,从原来集散木排的港埠,发展成为具备停靠万吨级大型船舶,拥有散杂货运输、集装箱运输和国际客运等多功能、全方位的中型国际港口。

略显青涩的丹东港,在我国港口中的地位算不上领先。但是丹东港的存在,着实令东北地区福泽不浅。

2. 大连港

中国最大海上客运港

大连港,地处辽东半岛南端的大连湾内。说起大连港,人们常常会将这样一句话挂在嘴边:"世界上有多大的船,大连港就有多大的码头。"目前,大连港发展势头正猛,不仅是东北地区最大的集装箱枢纽港,还是中国最大的海上客运港、东北亚地区最大的散粮运输中转港。

黄金海岸

大连港取得了傲人的业绩,但发展历程却并非一帆风顺。在很长一段时间内,大连港由于港口建设落后使生产处于被动。为了扭转逆境,大连港港口改建、新建工程拔地而起,最终形成了中国最大的港口群。这一港口群创造了四项中国之最:泊位最多、功能最全、进出港船舶最多和现代化程度最高。大连港所处海岸也成了中国港口密度最高的"黄金海岸"!

大连国际沙滩文化节

每到夏季,大连总会有一段激情澎湃的美好时光。自 2004 年起,大连

⬇ 大连港局部夜景

↑ 大连港日出

每年都会于7月的第3个周末至8月的第3个周末在国家级旅游度假区金石滩的黄金海岸举办一届国际沙滩文化节。每年的国际沙滩文化节,都有一个匠心独运的主题,在众多的娱乐节目中,游客们总能找到心仪的参与项目,尽情享受"浪漫之都"的迷人风采。

↑秦皇岛港

3. 秦皇岛港

天然不冻港

秦皇岛港地处渤海之滨,扼东北、华北之咽喉,是我国北方著名的天然不冻港,万吨货轮可自由出入。它以煤炭、石油等能源输出为主,与130多个国家和地区有贸易往来,年货物吞吐量3.82亿吨,是一个多功能综合性的现代化港口。

世界第一大能源输出港

秦皇岛港是世界第一大能源输出港,是我国"北煤南运"大通道的主枢纽港,目前拥有全国最大的自动化煤炭装卸码头和设备,较为先进的杂货、原油和集装箱码头,年装卸、运输煤炭的能力可达上亿吨,我国南方"八省一市"的煤炭供应都由它担负,在保证我国"北煤南运"和煤炭外贸出口中具有十分重要的地位。

魅力滨海之城

在城市环保建设方面,秦皇岛坚持"园林式、生态型、现代化滨海城市"的发展目标,努力建成"园林式、生态型、现代化滨海名城"。作为中国首批优秀旅游城市,它的森林覆盖率达到了40.40%,绿化率达43.20%,跨入国家级园林城市行列。

跨越发展

秦皇岛市还是中国少有的同时拥有铁路运输、公路运输、管道运输和海运、空运五大运输功能的地级市。不久的将来,秦皇岛港将全面提升港口功能,实现集装箱运输的跨越式发展!

4. 唐山港

区域性大港

唐山港位于唐山市东南80千米处,是唐山市最早开发建设的国家一类对外开放口岸,是我国重要的沿海地区性港口,是原材料和能源等大宗物资的专业化运输通道,也是华北地区对外开放和经济发展的重要窗口之一。

发展历程

唐山港地理位置显要,自然条件优越,建港谋划由来已久。早在1919年,孙中山先生在《建国方略》中就提出要在此地建设"与纽约等大"、"为世界贸易之通路"的"北方大港"。

↑ 唐山港集装箱码头

自1988年建设的1.5万吨级泊位起,建港20多年来,唐山港飞速发展。自港口通航以来,货物吞吐量以年增100万~150万吨的速度快速增长,用20多年走完了其他港口上百年走过的路。

城市变迁

唐山是我国近代工业的摇篮,这里孕育了深厚的工业文明,在历史上小有名气。然而天有不测风云,1976年,唐山以遭受严重震灾而受世界瞩

唐山港京唐港区散货码头

目。7.8 级强烈地震突然袭来，24 万城乡居民遇难，整个城市几乎成为一片废墟。然而在经历复建、振兴、快速发展之后，一个功能完备、环境优美、充满生机和活力的现代化唐山崛起，唐山在一片瓦砾上创造了奇迹，也因此成为新中国历史上第一个获得联合国人居奖的城市。

楼宇鳞栉，马路宽阔，如今的唐山已经成为一个新兴的朝气蓬勃的城市。经济腾飞让这个港口、这座城市拥有了新的机遇！

5. 天津港

渤海明珠

天津港,地处渤海之滨,海河入海口,是首都北京的海上门户,我国北方连接近海和远洋运输的重要港口。熠熠生辉的天津港,依托天津市,仰仗众多经济腹地,业务蒸蒸日上,荣誉满载。这里,被称为世界上最先进的集装箱船进出港;这里,同160多个国家和地区的300多个港口有贸易往来。俯瞰天津港,商业气息浓郁得让人振奋!

⬆ 天津港的轮船

人工海港

天津港,吞吐量位居我国北方众海港之首。实力非凡的天津港,并非"天资出众",之所以能取得如今的成就,多半归功于人们的心血和汗水。在"后天"的不懈努力之下,天津港一跃成为我国最大的人工海港、世界等

级最高的人工深水港。

　　天津港,很是注重自身的综合发展,最早开展了国际集装箱运输业务,注重周边立体交通运输网络的构建,跻身我国最大的焦炭出口港,成为环渤海地区规模最大的综合性港口。

津门八景

　　清代乾隆年间,天津知县张志奇拟定了"津门八景",并分别为这些景观配撰了七言绝句。其中,《洋艘骈津》一诗描述的就是广东、福建的海船,不断往来于天津和福建、广东,呈现出一片漕运繁忙的景象。根据史料记载,乾隆初年,随着南北海贩的兴盛,天津逐渐成为北方的经济中心。

↑ 天津城市风光

　　如今的天津港,航道阡陌,贸易纷繁,商业气息依旧浓厚。

6. 青岛港

黄海明珠

青岛港，位于山东半岛南岸青岛市胶州湾内，港阔水深，四季通航，是我国著名的天然良港。其所在的城市——青岛山海相连，既有小径香砌红瓦青砖，又有参天大厦碧海蓝天，犹如一颗璀璨的明珠，闪耀在黄海岸边。

特大型港

青岛港诞生于1892年，总吞吐量全球第七、集装箱吞吐量世界第八，也是我国第三大外贸口岸，包括大港港区、黄岛油港区、前湾新港区和董家口港区，拥有码头15座，泊位72个，现已成为现代化的综合性大港。冬无冰冻，夏无酷暑，她始终以安然动人的姿态迎送漂洋过海的航船。

青岛港，作为太平洋西岸重要的国际贸易通商口岸和海洋运输枢纽，向内同长江三角洲和环渤海经济圈相连，对外面向朝鲜、韩国、日本、俄罗斯等国家，享有优越的区位条件。港口兼具多种运输功能，在海上和陆上建立了庞大的运输网络，为海洋事业奉献着曼妙的青春。

↴ 青岛港全貌

⤊青岛港交通入口

东方威尼斯

青岛,被世人称为"东方威尼斯",是灵秀典雅的海上之都,承载着立体多元的海洋文化。

青岛,是海洋旅游城。前海栈桥长虹远引,幽美琴岛琴屿飘灯,这里清秀容仙! 青岛,是海洋科技城。其海洋科技研究机构占中国总数的1/3,这里群英荟萃! 青岛,是海洋经济城。青岛以港兴市、雄踞东方,她的未来在于海!

7. 连云港港

东海明郡

连云港,地处江苏省东北部,坐落于我国海州湾西南岸。这颗镶嵌在祖国中部沿海的璀璨明珠,与孙中山先生不无关系。借着孙先生描绘的东方大蓝图设想,连云港应运而生,并且成为陇海－兰新铁路线东部最便捷的出海口。作为新亚欧大陆桥"东桥头堡",连云港是我国中西部地区最得力的出海口,从这里出海,既便捷又经济。另外,连云港还是我国新丝绸之路的东端起点。

品牌之港

依山伴海,蓝天白云,连云港风光旖旎。古典名著《西游记》中花果山的原型就在这里。连云港港在新的形势下创新发展,创造了港口经济爆发式增长的奇迹和良好口碑,一跃成为江苏第一、沿海十大和全球百强集装箱港,并且连续数年位于我国港口综合竞争力排行榜十强之列。另外,连云港港还是我国船港服务星光榜五星级港口之一。

港史回眸

连云港港是这样诞生的：1921 年，比利时银公司取得了陇海铁路及其终点港的修建权。4 年后，陇海铁路修到了临洪河口的大浦，便在大浦设了简易码头。之后，由于临洪河口淤塞，荷兰治港公司于 1933 年

↑ 连云港局部

改在陇海铁路终点建设了连云港港。1938 年，日军侵占连云港之后，又重新扩建了连云港港。

坐拥奇幻仙境，连云港美不胜收。身处要地，连云港恪尽职守，赢得好口碑、赢得精气神。

8. 日照港

铁矿石进口第一大港

日照港是伴随着我国改革开放成长起来的新兴沿海港口。2012 年港口吞吐量突破 2.8 亿吨，其中铁矿石吞吐量达到 1 亿吨以上，为全国铁矿石进口第一大港。

海陆空枢纽

日照港东临黄海，北与青岛港，南与连云港港比邻；隔海与日本、韩国、朝鲜相望。港口经多种交通方式通往全国各地；陆上铁路，可与全国铁路干线相连；水路，能直通中国各沿海城市甚至远达世界主要港口，实现了与100 多个国家和地区的通航。随着中国兰新铁路和哈萨克斯坦土西铁路的全线贯通，日照港在国际海陆运输中的重要地位将进一步突显。

⬇ 日照港局部

↑ 日照世帆基地

"水上运动之都"

如今,日照市规划建设了"亚洲第一、世界领先"的国际水上运动训练基地,具备全部水上运动项目的竞赛设施条件,可以满足国际、国内重大水上运动赛事的需要,因先后成功举办了 2004 年全国帆船锦标赛、2005 年国际欧洲级帆船世界锦标赛等多场重大水上体育赛事,被批准建设"国家水上运动训练基地"和 2008 年奥运会帆船帆板指定训练场地。如今,"水上运动之都"已经成为日照对外形象的鲜明标志。

助力经济腾飞

日照港,这个相伴"水上运动之都"成长的大型海港,将继续为成为功能更加完善,综合实力更加雄厚,现代物流业较为发达的综合性、多功能、现代化、国际化的主枢纽港不懈努力,助推山东半岛经济腾飞!

↑ 宁波－舟山港局部

9. 宁波－舟山港

深水良港

宁波－舟山港地处我国大陆海岸线中部,是中国大陆著名的深水良港,是中国超大型船舶最大集散港和全球为数不多的远洋运输节点港。2006年,宁波－舟山港获世界集装箱"五佳港口"荣誉称号,建成生产性泊位311座,其中万吨级以上深水泊位多达64座,是中国大陆港口中唯一入围的港口。

中国吞吐量第一大港

宁波－舟山港对内对外辐射便捷。它向外直接面向东亚及整个环太平洋地区,是中国往北美洲、大洋洲和南美洲等地港口进行远洋运输的理想集散地,不仅可以沟通沿海各港口,还可通过江海联运辐射整个华东地区及长江流域。如今,宁波－舟山港已超越昔日中国货物吞吐量第一的上

海港,成为新一任的"货物吞吐之王"。根据国内发布的 2013 年全球十大港口货物吞吐量统计,宁波-舟山港成为全球首个 8 亿吨港。

宁舟合作

舟山,原名定海,素有"东海鱼仓"和"中国渔都"之美称,位于我国东部沿海,拥有渔业、港口、旅游三大优势。经过多年的发展建设,宁波港也成为长江三角洲地区除上海港外唯一拥有远洋航线的港口。为了充分发挥宁波、舟山港口资源优势,浙江省政府 2006 年 1 月成立了宁波-舟山港管理委员会,以推进宁波、舟山港口一体化进程。宁波-舟山港突破行政区划界限,整合宁波、舟山两港资源,对浙江乃至我国水运经济发展产生了积极影响。

2012 年 3 月国务院正式批复同意宁波-舟山港口岸扩大开放。正式开放后,梅山港区各口岸部门对每艘进港外籍船舶的联合检查时间大大缩短。口岸的通关效率也有效提高,对整个宁波-舟山港对外贸易和港口物流的提升都有积极的作用!

10. 上海港

华夏第一港

上海港是中国最大的外贸港口,位于长江三角洲前缘,扼长江入海口,地处长江东西运输通道与海上南北运输通道的交汇点,是我国实现对外开放、参与国际经济大循环的重要枢纽港,更是名副其实的华夏第一港。

繁忙而鲜活的海港

上海市外贸物资中99%经由上海港进出,每年完成的外贸吞吐量占全国沿海主要港口的20%左右。作为世界著名港口,上海港曾荣获世界货物吞吐量最大港口的纪录。

上海港处在长江东西"黄金水道"与海上南北运输通道的交汇点上。以上海港为中心,北起连云港,南至温州港,西溯南京港,已经形成功能齐全、规模宏大、辐射范围广的长江三角洲港口群,对我国的经济发展有着重要的战略意义。

⬆ 上海港码头景观

⬆ 上海港局部

港城互为依托

上海港和它所依托的城市——上海，互为依托、共同繁荣。

上海，这座繁华都市的兴起和发展，得益于上海港的繁荣兴旺。在唐朝天宝年间港口兴起，到宋代已拥有"江南第一贸易港"的美誉。1978 年改革开放以来，上海港新建多个港区和专用码头，吞吐能力不断扩大，对上海市的建设和发展发挥了重要的促进作用。

上海，被形容为"世界经济发展最快的典范"，上海港依托上海这座活力无限的繁华城市，已经成为一个综合性、多功能、现代化的大型主枢纽港。上海港作为上海发展不可或缺的力量，必将推动我国进出口贸易走上新台阶！

↑ 上海局部

11. 高雄港

台湾地区最大港口

高雄港是中国台湾省重要的水陆交通枢纽、太平洋西部重要的航运中心，它位于台湾海峡南口的高雄湾内，毗邻高雄市区，是以工业港为主的综合性商港。港口年吞吐量 5000 万～6000 万吨，为台湾地区最大的港口。

亚太营运中心

优良的自然条件和便利的交通运输因素使高雄港具备了成为特大型海港的要素。它曾长期位居世界货柜吞吐量第三大港，仅次于我国的香港港与新加坡港。但近年来由于台湾产业转型，国际贸易量大幅减少以及受到区域内其他港口竞争的影响，吞吐量下降。同时高雄港也成为全球前

↑ 高雄港局部夜景

二十大港中唯一的吞吐量衰退者。

为增强高雄港竞争力，当地积极推行自由贸易港区政策，规划"洲际货运中心"，将高雄港建成亚太营运中心。2009年，高雄港与大连港缔结为姐妹港，双方加强合作开辟航线，扩大人才交流及物流。两港合作有助于台湾南部产业的发展，同时也为高雄港的发展提供了新的机遇。

美丽海港，旖旎水都

高雄港还是高雄旅游产业的主角。乘坐观光船，游客可以尽情体验高雄港的水都风情，置身于潋滟水色中，不亦乐哉！

↑ 维多利亚港局部

12. 维多利亚港

香港之"眼"

　　维多利亚港,位于我国香港岛和九龙半岛之间。在香港15个港区中,以维多利亚港区最大,为优质天然良港。维多利亚港一直主导着香港经济和旅游业的发展,影响着香港的历史和文化,在香港成为国际化大都市的过程中起着重要的作用。

世界第三大货柜港

　　早期,维多利亚港就被视为重要商港,后来海港西部葵涌及青衣货柜码头的兴建,使它逐渐发展成为世界上最繁忙、效率最高的国际集装箱运输中心之一,目前是世界第三大吞吐量的货柜港口。葵涌货柜码头处理的货物来自香港及珠江三角洲一带,对整个华南地区的对外贸易极为重要。

↑ 维多利亚港局部

加之维多利亚港地处经济增长迅猛的亚太地区中心,是远东航运中心,可谓占尽天时地利。

购物天堂,旅游胜地

今日的香港,是一个繁荣的自由港。以维多利亚港为代表的整个港区是自由贸易区,是外向型经济中心。同时,自由港也为免税商品提供了"通行证",在这里,国内外商品琳琅满目,价格公道,是名副其实的"购物天堂"。

今日的香港,更是一个旅游胜地,这里拥有世界最大的海洋公园,还有全球第 5 座迪士尼乐园。夕阳西下,维多利亚港的邮轮、观光船、万吨巨轮,与璀璨的霓虹交织出美妙的海上繁华夜景,让游人在购物的同时畅享潋滟风光!

维多利亚港的每一步发展都影响着中国香港的经济腾飞和文化底蕴,香港这一国际化大都市,因为它的存在而华彩倍增!

13. 厦门港

天然良港

厦门港地处福建省东南的金门湾内,九龙江入海口。它面向东海,濒临台湾海峡,为我国东南海疆之要津,入闽之门户。厦门港港阔水深,不冻少淤,避风条件好,是一座天然良港,万吨巨轮可不受潮水影响随时进出港湾。

世界大港

厦门港开港于 1843 年,主要担负福建省内外贸运输任务。当厦门港被确定为海峡两岸直航试点的两个口岸之一时,也跨入了世界大港之列。

厦门港由东渡、海沧、翔安、招银、后石、石码、古雷、东山、云霄和诏安10 个港区组成,形成"环两湾辖十区"的格局。

厦门港凭借陆海空立体交通体系,活力无限。高崎机场有国内外航线75 条;公路连接福建省路网,集疏运网络非常便捷;直达码头铁路专用线与全国铁路网相连;密集的水运航线与我国沿海港口、长江中下游城市和世界各港沟通。

⊙ 厦门港局部

东方夏威夷

厦门碧海翠岛，风光绮丽。美国前总统尼克松曾称赞厦门为"东方夏威夷"。鼓浪屿上的菽庄花园静谧优美，是观海佳地；各式骑楼造型别致，别具风情。

↑ 厦门港局部

厦门，海洋情怀延绵深情。《厦门志》记载了厦门先民"以船为车，以楫为马，以海为田"的生活习俗；这里还保留着航海大发现、海上丝绸之路的历史遗迹；厦门人信奉海神妈祖，称在厦门港内生活的中华白海豚为"妈祖鱼"；这里还有独具海洋文化气息的高等学府——厦门大学。

↑ 福州港码头风光

14. 福州港

闽台桥梁

福州港位于中国大陆东南部，台湾海峡西岸，由河口港与海港组成，自古以来便是闽江流域货物的集散地。福州港是福建省对台"三通"的重要口岸和桥梁。

↑ 福州港码头一角

对外枢纽

福州港由江阴、罗源湾、松下三个外海港区和闽江口内港区组成，拥有码头岸线 9443.6 米，万吨级以上的深水泊位 19 个。福州港是通向国际市场的重要支撑，有利于闽江流域发展外向型经济，是中国综合运输体系的重要枢纽。

↑ 福州港局部海域风光

受益于发达便利的交通条件,福州港与外界联系十分密切。港内铁路专用线与福马铁路衔接,通往全国各干线。公路经福州与全省公路网连接。福州港还很擅长"空中交流",至京沪等地均有客运航班,至中国香港、日本设有包机航班业务。经水路可与世界主要港口相通。空运,可通过国际航线与主要国家交流来往。

海上福州

福州,是海滨邹鲁,"海纳百川、开拓永福"是福州海洋文化的核心;"海上福州"是福州人向往的精神家园。

福州因海而生,作为海上丝绸之路的重要门户,是中国最早开放的通商口岸之一。中国船政文化在这里发祥,福州船政创造了诸多中国近代造船与工业的奇迹。它是中国海洋政治与军事中心,福州马尾是中国近代海军的摇篮,并孕育了林则徐、严复等引领时代潮流的"海洋士子"群体。它有丰富的海洋宗教与海洋民俗。

福州港,传承着千年海洋文化,胸怀博大;依偎海洋快速成长,海情悠长。

15. 广州港

中国南大门

广州港坐落于中国南大门广州市,雄踞珠江入海口。河网密布,水丰沙少;岸线资源丰富,建港条件良好,是中国最重要的对外贸易口岸之一。

↑ 广州港集团局部

世界第五大港

广州港是华南沿海功能最全、规模最大、辐射范围最广的综合性枢纽,由内港、黄埔、新沙、南沙四大港区组成,拥有万吨级以上泊位60个。2010年跨入4亿吨行列的国际大港,居世界港口第五位。2014年,广州港全港货物吞吐量达5亿吨。

广州港,是珠江三角洲水网运输中心和水陆运输枢纽。目前,广州港国际海运通达80多个国家和地区的350多个港口。再加上珠三角河道纵横交错,使得港口拥有"江海直达,连通港澳"得天独厚的航运条件。

↑ 广州港局部

"通海夷道"

　　广州港,这座古老的港口,海洋情怀绵延 2000 多年,"通海夷道"名扬四方。早在秦汉时期,始于广州的"海上丝绸之路"迢迢八千里;唐宋时期,"广州通海夷道"远洋航线是全球最长的航线;清朝,成为中国唯一的对外通商口岸,"一口通商"。

　　徜徉在广州街头,"海上丝绸之路"留下的烙印俯拾皆是。秦代造船工场遗址规模宏大,饱经沧桑;中国航区最早人工航标——怀圣寺光塔高高矗立,塔上金鸡随风摆动,为往来船只指明风向;镇海楼庄重肃穆、威震海疆……

　　古老的广州港跨越千年历史的长河,翻腾着欢快的浪花,越发坚定,越发雄壮。如今,作为世界大港的它,将不断壮大,奉献力量!

16. 深圳港

美丽纽带

深圳港紧邻香港，坐落在广东省珠江三角洲南部，伶仃洋东岸。作为华南地区优良的天然港湾，这里海面开阔、风平浪静，拥有良好的天然屏障。而深圳因深圳港连接祖国南方与国内外各地。

世界级海港

深圳港是全国综合运输体系中的重要枢纽之一，是我国重要的集装箱干线港。它拥有蛇口、赤湾、妈湾、东角头、盐田、福永机场、沙鱼涌、内河8个港区，泊位159个。港口地处亚热带季风气候区，风清宜人，满眼碧海蓝天。

改革开放以来，深圳港以惊人的"深圳速度"迅速成长为世界级海港。连续14年货物吞吐量排行内地沿海港口第8名，连续9年集装箱吞吐量排行内地沿海集装箱港口第2名，连续3年排行世界集装箱港口第4名。深圳港，正面向世界，扬帆起航！

开眼向洋

深圳港，一座得天独厚的滨海丽港，继承珠江三角洲地区"开眼向洋"的传统，开创着蔚蓝色的海洋梦想！

↑ 深圳港局部

浪花,在深圳近海飞溅！小梅沙似月一弯,熠熠发光,"黄金海岸"碧波荡漾。

海洋,在深圳深处激荡！十大海洋文化历史地标见证着海洋的历史；以港兴城、港城共兴的目标开创着海洋的辉煌。

深圳,中国第一个经济特区,中国的改革开放之窗,正放歌对海,开眼向洋！

⬆ 深圳小梅沙局部

↑ 澳门城市夜景

17. 澳门港

妈港

澳门港位于中国南部沿海珠江口西侧,与香港隔海相望,并与珠海港相邻。澳门港是我国著名的国际海港。澳门,也被西方人称为"妈港"。

↑ 澳门港局部

国际旅游海港

澳门港是著名的国际旅游海港、自由港。海港因深受海洋和季风的影响,属热带季风气候。夏热多雨,冬稍干冷,春温多雾,秋日晴朗。

澳门港由外港和内港组成。外港位于澳门半岛之东面,为往来香港的

定期客轮专用。内港位于澳门半岛西面，由 34 个码头组成，货物装卸都在这里运作。南舢板码头供锚泊于内港之船舶上的人员登岸及离岸。九澳港位于路环岛之东北面，包括油库码头、水泥厂码头、集装箱货运站码头及发电厂码头，为九澳港之共同航道。

"华洋杂处，中葡融汇"

澳门在 1999 年摆脱葡萄牙殖民统治回归祖国，她既古又新，既小又大，有着独特的个性。"华洋杂处、中葡融汇"是其海洋文化的最好诠释。

澳门作为中国历史上最早的"经济文化特区"，各种文化宽容相处的例子俯拾即是。澳门特有的由葡萄牙人以及非洲人通婚所生的后代等，形成了澳门的"土生葡人"。他们创造的葡人文化，既保留着拉丁文化的葡萄牙文化特点，又执着地维系着中华母文化的传统。

澳门港，经过几百年的历史风云洗礼，终于在祖国母亲温暖的怀抱中，绽放着国际旅游海港的青春，活力依然！

18. 珠海港

随势崛起, 华丽启幕

珠海港位于广东省南部, 珠江口右岸, 地接澳门, 东望香港, 北部与中山接壤, 西部与江门相连。珠海港海域辽阔, 自然条件得天独厚。其所在的城市——珠海, 从昔日经济落后的边陲小县, 伴随着珠海港华丽启幕, 成为珠海经济特区连接海内外的枢纽与桥梁。

珠海门户, 魅力海港

珠海港作为珠海市连通海内外的重要门户, 现拥有高栏、万山、香洲、九洲、井岸、洪湾、唐家七大港区。珠海港2010 年经营的港口货物吞吐量达到 2115.04 万吨, 完成散杂货1142.25 万吨, 集装箱吞吐量为 43.07 万标准箱。

因靠近国际主航道又连通西江, 珠海港独具优势, 便在西江沿岸开通了 15 条驳船快线, 以及高栏港至越南、日本等地的国际集装箱班轮航线。在疏港铁路, 广珠铁路的推动下,

⬆ 珠海港码头景象

⬇ 珠海港局部

珠海港以"江海桥联动"为平台,成为打通港澳与西江流域乃至东盟经济合作新通道的重要节点。

百岛之市

珠海,意为珠江、海洋。作为"百岛之市",这里奇峰异石,百岛蹲伏;作为花园之城,这里陆岛相望,自然和谐。

珠海因海而生,珠海向海

↑ 珠海港局部

而兴。从温馨宁静的文化馆站到"十大珠海海洋文化地标",从"城以港兴,港为城用"到"21世纪海上丝绸之路"的打造,珠海海洋文化的内涵被放大,成为一种具有城市发展推动力的大文化!

筑梦大港

自建港以来,珠海港由小变大、由弱变强。如今的珠海港已百舸争流、千帆竞进,向着"现代化国际港口"的目标中流击水,乘风破浪!

19. 湛江港

南海明珠，深水良港

湛江港，位于广东省雷州半岛东岸。港口水深浪静，海面宽阔，泥沙淤积较少，是我国著名的天然深水良港。作为得天独厚的军事要塞和海运咽喉，"南方明珠"湛江港，已成长为西南沿海港口群的龙头港和亿吨大港，在南海边熠熠发光。

⬆ 湛江港

沐浴春风，腾飞巨港

始建于 1956 年的湛江港不断发展，货物吞吐量一路飙升，建成了国家级枢纽港，并以"大、优、深"著称，成为全国十大港口之一。

沐浴着改革开放的春风，湛江港不断腾飞，现已拥有 10 万吨级航道，30 万吨级的全国最大陆岸油码头。今日的湛江港，各种运输方式一应俱全，已发展成为功能齐全、设备先进的综合性现代化大港，是中国与东南

亚、非洲、欧洲以及大洋洲沟通最为便捷的港口,被视作"黄金通道"和海上"桥头堡"。湛江港的存在和发展,还大大促进了中国与东盟的经济合作。

浓郁的雷州文化

湛江,湛蓝的海,湛蓝的天。金沙湾碧海银沙,恰若马尔代夫风光。这里的海洋文化深厚绵长。

在南海母亲的孕育下,湛江积淀了"海味"浓郁的雷州文化。早在秦汉乃至新石器时代,"海人谋鱼盐以养身家"。

如今的湛江,不断将海洋文化与城市建设相融合,2013 年首届湛江海洋周的举办便呈现着海洋文化的活力与希望。湛江人依靠海洋生活,湛江人依赖海洋发展!

湛江港,这座南国的龙头港,其诞生、发展、巨变的历程,见证着湛江的成长,俨然如一条巨龙,引领着湛江人蓝色的海洋梦想!

⬇ 湛江港局部夜景

↑ 北海市局部

20. 北海港

"一城系四南"

北海港地处广西南陲,北部湾畔,是不淤不冻、航道畅通、港阔水深的天然良港。其所在的城市——北海市,"一城系四南",处于中国的西南、华南、海南和邻国越南的地理中心。由此,北海港便担负起了我国西南地区与国内外城市贸易往来的重任。

沧桑大港

北海港历史久远,汉代时合浦便是"海上丝绸之路"的起航点,清光绪三年(1876年)设立为通商口岸,1984年北海市对外开放。

北海港在历史的沧桑变迁中不断发展,如今拥有北海老港区、石步岭港区、铁山港港区和大风江港区共4个港区,2014年吞吐量为2275万吨,成为名副其实的西南大港。

如今的北海港繁忙熙攘,初步实现了以港口为龙头、港航结合、海陆空配套的立体交通运输网络。北海港是中国大陆到东南亚以及通过马六甲

海峡进入欧洲距离最近的口岸,是中国西南腹地以及华中部分地区最便捷的出海口。

魅力珠城

北海处于山之口、地之角、海之门,纳百川而成海,含总江而为浦。这里山、海、城、岛、渔等融为一体,碧海丝路,绿岛银滩,形成了极具海洋气息、民族风格、开放包容的个性化海洋城市形象。

这里海洋历史悠久,是古代"海上丝绸之路"的始发港之一;这里海洋资源丰富,是中国"四大渔场"之一;南海珍珠硕大圆润、晶莹夺目,"珠还合浦"的千年传说广为传扬;北海"海洋之窗"引领着海洋科技时尚……

北海港,依偎在南海的怀抱,将化沧桑为动力,以更加奋进的态势,在南海岸边闪耀着珍珠般的光芒。

21. 防城港

中国西南第一大港

防城港是我国南海岸边的深水良港,年吞吐量达 1.15 亿吨,是中国西南地区第一大港,也是西南地区走向世界的海上主门户,连接中国资源丰富的大西南和经济活跃的东南亚地区的枢纽。

东盟海陆门户

防城港位于广西北部湾畔,既沿海又沿边,是中国大陆最西南端的深水良港;是服务西部、连接中国和东盟的物流大平台。防城港市位于西南经济圈、华南经济圈与东盟经济圈的接合部,是我国唯一与东盟各国海陆相连的城市,也是从中国进入中南半岛便捷的门户。

↑ 防城港局部

因港立市

防城港市依港而建,因港得名。1968 年,中央决定兴建防城港,作为海上隐蔽运输航线的主要起运港口。1972 年,防城港正式担负起转运援越物资的任务,当时被称为"海上胡志明小道"。1983 年,防城港被国务院列为对外开放口岸后,港口城市建设步伐不断加快。

随着中国-东盟自由贸易区建设的加快、西南地区经济合作和西部大开发,防城港市正成为一片朝气蓬勃的发展热土!

↑ 海口世纪大桥

22. 海口港

海南之窗

海口港好似半圆形的月牙镶嵌在海南岛北端,东与铺前湾交界,西至澄迈湾,北隔琼州海峡与广东省雷州半岛相望。港口地处热带海洋性季风气候区,全年无冰冻,是海南省北部水运交通枢纽、对外联系的窗口。

琼州门户

海口港包括海口秀英港、海口新港、马村港 3 个港口,2002 年货物吞吐量首次突破千万吨大关,2014 年突破 9000 万吨,在海南港口中遥遥领先。其中海口秀英港属国家一级开放口岸,素有"琼州门户"之称的海口港一直是中国沿海与东南亚通航贸易的必经之港。

海口港交通极其便利,海上航线四通八达,公路和水路在此交汇,是琼州海峡船舶往来的主要口岸。快捷的海上运输，架起了一座连通海南和大陆的海上桥梁。海口港作为海南省的交通枢纽和客货集散中心，处于海南省综合交通运输网的中心，为海南省的经济发展作出了贡献。

海上城堡

海口市别称"椰城"，是一座热情浪漫的热带城市，在美丽的海南岛上展现着自己独特的韵味。

⊕ 海口港局部

皓月当空，椰风流韵，海面银鳞熠熠；阳光倾泻，假日海滩、白沙门海滩浪花轻舞，沙白如玉。

这里的人们靠海、吃海、用海、观海、亲海，独具海洋气息。"2013年海洋国际旅游休闲文化博览会"演绎着海洋文化盛宴，智慧热情的人们欢迎来自五湖四海的宾客。

海洋拥抱着美丽的海南岛，海口港因海而生。因着那抹蓝色的情怀，月牙般的海口港也必因海而兴！

23. 釜山港

五六岛

釜山港坐落在韩国釜山湾西北岸，与日本对马岛相对，东南濒朝鲜海峡，西临洛东江。港内水面平静，潮水涨落差较小。

五六岛也是釜山港的象征，来往釜山的船只必经此处。每天随着潮水落退，五六岛会露出五个或六个小岛，五六岛因此而得名。

东北亚最大中转港

釜山港诞生于1876年，由北港、南港、甘川港、多大浦港等港区构成。釜山港是我国天津港最大的集装箱交流港口，既是韩国海陆空交通的枢纽，又是商业中心，对于韩国的对外贸易发展发挥着举足轻重的作用。

釜山港不仅连接欧洲和北美洲，也同隔海相望的日本进行着活跃的贸易往来。作为韩国第一大港、韩国泛太平洋物流中心，釜山港已华丽转身，成为东北亚最大的中转港。

海鸥之城

釜山市五光十色，霓虹炫彩，温泉星罗棋布。这里海鸥欢快滑翔，是名副其实的海鸥之城。

釜山拥有亚洲最大的候鸟栖息地。其中，美丽优雅的海鸥便是釜山市的市鸟，是釜山市的文化象

↑ 釜山局部夜景

↑ 夜色中的釜山

征。通体雪白的海鸥象征着这个伟大的白衣民族；海鸥展翅，自由翱翔，象征着釜山市民坚韧不拔的精神。浪花拍打激荡，充分展现出釜山人民的豪情与希望！

釜山港，一座清丽秀美的天然良港，一座繁忙的中转大港，朵朵浪花，伴随海鸥的展翅飞翔，飞向大海，飞向未来，飞向希望！

↑ 釜山港码头景象

24. 仁川港

首尔门关

仁川港，坐落于韩国西北沿海汉江出海口南岸，属温带季风气候区，虽冬季有冰，但不妨碍船舶航行。仁川港是韩国西海岸最大港口，位于首都首尔以西28千米，是首尔的外港和门关，面向黄海迎送着来往的航船。

韩国第二大港

仁川港主要码头岸线总长6024米，2015年仁川新港集装箱码头泊位增至13个，集装箱年吞吐量加速提高，是韩国第二大港，也是韩国西海岸的最大港口。

仁川港的集装箱海陆空交通运输网络功能齐全，除京仁高速公路外，还有电气化铁路等多条线路。仁川国际机场有飞往世界各地的定期航班，能够方便快速地转运货物。仁川港的最大优势之一就是靠近韩国政治和经济

⬆ 仁川港局部

⬆ 仁川港夜景

中心的首尔。此外,在所有韩国港口中,仁川港与中国距离最近。作为对华贸易基地的仁川港,成了中韩沟通的纽带与桥梁。

仁川的波涛,仁川的青

仁川港所拥抱的城市——仁川广域市,一座在波涛的轻抚下诞生的城市,一座受海洋影响不断成长的城市。

仁川,字如其市。仁川的韩文是把波涛形象化,表示其不断发展和无穷的潜力依托于美丽的港湾。

仁川,市如其青。青色是仁川的市色,象征着意气风发和走向大洋的梦想,代表着中流击水和拥抱海洋的决心!

青色的仁川港,意气风发,向着规模最大的东北亚地区性集装箱枢纽港的建设目标,踏浪前行!

⊙ 仁川滨海局部景色

25. 木浦港

全罗南道海上门户

木浦港位于朝鲜半岛西南端务安半岛之顶角,港市之东南,西临南黄海。务安半岛和花源半岛拱卫着木浦湾,港口正处在湾口北岸,外有罗州群岛等众多岛屿保护,港湾风平浪静,但出入航道曲折,是全罗南道的海上门户之一。

韩国主要商港

木浦港地位重要,海运繁忙,是韩国主要商港之一,是附近群岛的海运中心。港内潮汐属不规则半日型,水位涨落还受木浦湾纳入的荣山河水涨落影响。

木浦港诞生于 1887 年,当时码头简陋,仅有两座小木船码头。经百余年的发展,目前建有岸壁码头 600 米,驳船码头 940 米;岸外,海峡中有 9 个锚地泊位,其中 6 个是万吨级以上泊位。另外还有 3400 米护岸和 12 座浮栈桥。木浦港起着附近群岛海运中心的作用,并有定期航线通仁川和釜山港。

⬇ 木浦港海域局部　　　　　　　　　　　　⬇ 木浦港局部

↑ 木浦城市风光

"飞向世界的未来之城"

木浦市因为木浦新港的推动和其他产业的发展而不断成长,成为韩国西南海岸的"飞向世界的未来之城"。

木浦市的市旗极具特色,象征着这座美丽港城的希望。市旗的底色是白色,充分表现出"变化·腾飞·发展"的木浦市前景;市旗的图形用旗帜的形状象征波涛的律动性;中间的空白为木浦市第一象征要素——儒达山的形象;下端蓝色的曲线形象地表现了港口城市的象征——船舶。

木浦港,怀着浓浓的蓝色情结,寄托着港城美好的希望,随波涛而律动,随船舶而破浪,面向未来,走向世界,蒸蒸日上!

↑ 木浦市的市旗图形

26. 罗津港

朝鲜不冻港

朝鲜罗津港为天然不冻港,年吞吐能力300万吨,港口有宽轨和标准轨的铁路专用线。中国边境窗口珲春市距该港只有93千米。

地位独特

罗津港位于朝鲜半岛东北端罗津湾、造山湾岸,地处图们江下游地区,与中国、俄罗斯隔江相望。

罗津港直接与中国东北腹地相连,因此中国东北的资源产品可以通过罗津港运至中国南方地区。除此之外,罗津港还是通往日本,美国西海岸的最佳通道。

朝鲜罗津港局部 ⬇

中朝合作

2010年3月,中国吉林省延边朝鲜族自治州取得罗津港10年租用权。中朝此次合作,使得原处于内陆的吉林省实现了"借港出海",这对于许多东北腹地城市的开发开放都将发挥重要作用。朝鲜也可以借助外来资金和能源,改造和重新启动国内的工业进程,进而带动其他产业的迅速发展。

中国和朝鲜对罗津港的共同开发无疑是一次互惠共赢的合作,罗津港作为两国合作的桥梁,必将有更加广阔的发展前景!

神户人工岛

神户港局部

27. 神户港

人工建岛

神户港位于日本本州西南沿海,濒临大阪湾西北侧。海面呈扇形,在港口西、北面山脉和防波堤的呵护下,港区风平浪静。

人工岛是神户港的一大特色,港岛是世界上第一座人工岛。神户港是港湾条件优良的海湾河口港。

日本国际港

神户港由中心区及其东、西沿海两侧工业专用码头组成。有泊位 227 个,可同时停泊巨轮 200 多艘。年吞吐量超过 1.4 亿吨,是日本最大的集装箱港口,也是日本国内首屈一指的大型船舶出入停靠

神户港局部

的国际港。

神户港位于主要船运航线上，有着现代化的公路、铁路及航空体系。作为一个中途停靠港，神户港航线连接 130 多个国家和地区的 500 多个港口，在开通航线数量和航运频度方面亚洲领先。由于神户港几乎处于日本中心位置，在未来很长时间内其仍将是日本的主要国际贸易港。

"西海正门"

神户港所在的港城——神户，被誉为日本"西海正门"。这里依山傍海，和谐时尚。

神户是日本最早开港的城市，已有千年历史。神户的发展离不开开放的神户港，城港发展相互依托。神户港对外开放以来，神户利用港口的优势，不断汲取海外文化，产生了具有神户特色的文化和时尚。时装糕点琳琅满目，西洋建筑错落有致，"神户牛肉"名扬海外，海滨风光令人心旷神怡。

神户港，将在与城市携手发展的同时，继续壮大自己的力量，坚实自己的臂膀，在国际贸易港的基础上，飞跃为综合性大港！

⊙神户局部风光

↑ 横滨港局部

28. 横滨港

"金港"

横滨港,又名"金港",位于日本本州东南部神奈川县东部沿海,北起京滨运河,南至金泽。港湾伸入陆地,水深港阔,被认为是日本天然条件良好和建港水平高超的优秀港口之一。横滨港是生丝贸易港、商业港、旅客港,也是工业港。

↑ 横滨港码头风光

日本第二大港

诞生于 1859 年的横滨港,是日本第二大港口,是世界亿吨大港之一。同时,横滨港与东京港被指定为超级中枢港。

横滨港中部为商港区,有 91 个泊位,与闹市相连;两翼为工业港区,后面连接着两个工业地带。横滨港以输出业务为主,港口贸易额居全国首位,成为日本最大的国际贸易港。横滨港靠近东京地区,交通运输网络高度发

⬆ 横滨港风光

达。横滨港南、西、北方向均有向外辐射的快速交通运输要道。交通运输网络如此发达畅通在全世界少见,也使横滨港名扬海内外。

融洽多元的横滨

横滨港依偎的城市——横滨,也传承了大海博大兼容的特质,成为一座包容性很强的海滨城市,让人无法拒绝这座城市的魅力。

横滨港是日本最早的对外开放港口之一。横滨因着横滨港,与各国交流频繁,多元文化在这里激荡。这里西式建筑众多,颇具异国情调。

横滨宣告新年到来的方式,极具海港味:每年的除夕夜,横滨港、山下公园港口的船舶会一齐鸣笛,港口热闹非凡。

就是这样一座清丽而繁华、热闹而博大的海港,始终以其独有的国际风范,接纳着来自世界各地的船只,造就着和谐多元的横滨风尚!

↑ 名古屋港的景象

29. 名古屋港

日本海上门户

名古屋港,横跨日本爱知县名古屋市、东海市、知多市、弥富市、海部郡、飞岛村,水域面积8400公顷。湾口有半岛和小岛为屏障,赋予港湾温雅的特质,是一个得天独厚的优良深水港口。名古屋港紧邻日本最大的丰田汽车城,是日本重要的海上门户。

↑ 名古屋港局部

中枢国际港湾

名古屋港共拥有295个泊位,是

日本国内货物年吞吐总量唯一超过 2 亿吨的港口。在日本五大港口中，名古屋港的总吞吐量、外贸吞吐量均占第一位，2004 年被指定为中枢国际港湾。

由于著名的丰田汽车公司总部位于爱知县内，港口的主要进出口货物即为汽车和汽车相关的零部件。而中国与名古屋港的集装箱货物运输密切相关。

名古屋市又名"中京"，坐落在首都东京和古都京都之间，因此，名古屋港海、陆、空交通十分便利。名古屋港在不断提升基础设施建设水平的同时，也在加速信息化进程。

↑ 名古屋港码头景色

摩登港城

名古屋港守护的港城——名古屋市，有着悠久的文化历史、浓厚的海港情怀与摩登的高楼大厦。城市温文尔雅，又时尚大度；城市底蕴深厚，又洋气十足。

每年"名古屋港祭典"准时开幕，热闹非凡；名古屋电视塔上灯光闪烁，名古屋城屋脊上的金色兽头瓦极尽奢华。因整洁而闻名的"白色之街"上一派欣欣向荣景象；名古屋港花园埠头东侧，排列着意大利的威尼斯景观建筑物，颇具西洋风格。

30. 千叶港

日本最大工业港

千叶港位于日本东南沿海,濒临东京湾的东北侧,港口年货物吞吐能力约 1.4 亿吨。它是在第二次世界大战后迅速发展起来的重化工业港,是日本最大的工业港口。

聚集经济模式

当产业的聚集达到一定程度后,会产生较强的规模经济,进而提高区域内企业的整体竞争力。千叶港的快速发展正是得益于这一正确的经济发展模式,聚集经济也成为千叶港最显著的特点。

↑ 千叶港局部

因重化工业兴起

"二战"后,日本政府希望通过重点支持煤炭、钢铁两个行业实现重要产业的复兴,在此背景下,千叶县政府在工业领域积极招商引资,伴随着以大规模原料进口和产品出口为特征的重化工业的发展,千叶港迅速崛起。千叶县开始成为日本最重要的重化工业县,而依托其建立起来的千叶港也成为日本最重要的工业港。

由于工业聚集所带来的环境问题不可忽视,进入 21 世纪后千叶港的发展速度开始放缓。千叶港是日本战后伴随工业腾飞发展起来的新兴港口,其发展经验对其他新兴港口的发展具有一定的借鉴意义。

31. 新加坡港

繁忙大港

位于新加坡岛南部沿海的新加坡港,处于太平洋及印度洋之间航运要道的关键位置。西临著名的马六甲海峡东南侧,南临新加坡海峡北侧,这个美丽的港湾自然条件优越,水域宽广,水深适宜,很少受风暴影响。新加坡港是世界上最繁忙的集装箱港口之一。新加坡市则是该国的政治、经济、文化及交通的中心。

盛誉满怀

新加坡港经营布拉尼码头、巴西班让码头、丹戎巴葛码头和岗巴码头。四个码头的泊位总数为37个。

⬆ 新加坡邮轮码头

新加坡港盛誉满怀,佳绩不断,共拥有250多条航线连接世界各地,同至少120个国家和地区的600多个港口往来,有"世界利用率最高的港口"之称。新加坡邮轮中心已经成为世界各大邮轮公司在东南亚的枢纽港,多次蝉联"最佳国际客运周转港口"的头衔。"第二十五届亚洲货运及物流链奖"中,新加坡港荣获"亚洲最佳海港"的称号,这已是新加坡港第23次获得此项荣誉。一路光环照耀的新加坡港,在不断创造着奇迹与辉煌!

花园城市

新加坡,恰若一位妙龄少女,清秀的面庞,精致的妆容,整洁而大方。

↑ 新加坡局部

新加坡是一座"花园城市",水色秀丽,花开窈窕,多次被评为"最适合亚洲人居住的城市"。

　　圣淘沙,意为平静而安详,是新加坡最为迷人的度假小岛。鱼尾狮公园,是新加坡从渔港变成商港的代表性建筑。新加坡海洋生物园里有 100000 多只海洋生物供人观赏。

↑ 新加坡港口风光

　　灵秀的新加坡港,在海边梳妆。盛誉满怀的她,繁忙熙攘。面向未来,自信的新加坡港将续写港湾的辉煌!

↑ 科威特城市局部

32. 科威特港

石油输出港

科威特港位于科威特东部沿海科威特湾的进口南岸,濒临波斯湾西北侧,早在20世纪50年代就实现了现代化,成为科威特石油输出港。而作为世界第四大产油国的科威特,其石油输出量居世界第二。

无税港

科威特港仓库面积达17.4万平方米,露天堆场面积48.8万平方米,集装箱堆场面积26万平方米,港区宽阔。大船锚地水深达20米,年货物吞吐能力约6500万吨。石油、天然气、化工产品、羊毛、皮革及珍珠等是其主要出口货物,主要进口车辆、食品、建筑材料、机械设备及杂货等。

科威特港务局取消了对外国商船的所有附加征税,因此成为海湾地区唯一的无税港,从而吸引了更多的船只在港湾的怀抱中停歇。

阿拉伯半岛明珠

科威特港所在的城市——科威特城，是科威特首都，这里风光明媚、文化灿烂，犹如阿拉伯半岛的一颗明珠，在波斯湾畔溢彩流光。

自18世纪中叶起，科威特港口历经长期艰难发展，成为如今规模宏大的海港，对海洋有着独特的情怀。"海味"犹存的科威特人，对鱼十分偏爱，祖贝德鱼最受欢迎，许多家庭的墙上都挂有祖贝德鱼的画片，这也是科威特人引以为豪之处。

科威特的建筑别具一格，造型美观奇特的贮水箱和贮水塔是这里最引人注目的建筑设施，也是其他城市难以见到的景色。

科威特港，是波斯湾畔的一颗珍珠，是科威特雄鹰的翅膀，不惧惊涛骇浪、狂风暴雨，只愿展翅翱翔、扬帆起航！

↑ 科威特贮水塔

33. 吉达港

麦加门户

吉达港,位于沙特阿拉伯西海岸中部,濒临红海的东侧,港口沿海岸南北伸展呈长方形。吉达港每年要迎接海外穆斯林15万人次以上,是伊斯兰教圣城麦加的海上门户。

沙特阿拉伯第一大港

吉达港从公元647年一路走来,历经1300多年的历史风云,是中东地区历史最为悠久的港口之一。吉达港因作为朝圣者的中转港而得到发展,现为沙特阿拉伯最大集装箱港、红海沿岸最大商港。

↑ 吉达港局部

如今的吉达港,共有52个泊位,年吞吐量达1800万吨。吉达港海、陆、空交通便利,港口距机场约35千米,每天有定期航班飞往世界各地。有公路通达市区,并东伸至麦加等重要市镇。吉达港拥

↑ 中国海军第11批护航编队"青岛"舰驶入沙特吉达港

有现代化的引航和装卸设备,有157条航线与世界各地连通,实现了与美、日、英、法、意等国家的贸易往来。

"红海新娘"

吉达港所在的城市——吉达市,是沙特阿拉伯最美丽、富庶的城市,如红海怀中娇羞的新娘。轻轻撩开吉达柔美的面纱,惊艳芳华。

吉达港有着碧蓝澄澈的海洋,海边滚滚白浪,阵阵清凉。国王喷泉绚丽夺目,据说是世界上最高的喷泉;水上清真寺庄严肃穆,高大巍峨。

吉达港商业兴旺,人们生活富裕。著名的黄金一条街,商品琳琅满目,游人如织。

↑ 马六甲局部

34. 马六甲港

安静而繁忙的海港

马六甲港坐落于马来西亚的马来半岛西南沿海,濒临马六甲海峡东南侧。因马六甲港在西南季风期间很少起风暴,所以是安静的;马六甲港作为马来西亚的主要港口之一,又是繁忙的。

"T"形码头

马六甲港有着独特的布局,港区主要码头泊位是"T"形。岸线长 150 米,可泊长 125 米的 7500 吨级的船舶,码头与岸间有长 400 多米的栈桥相连。大船锚地水深达 11 米。主要出口货物为天然橡胶、木材、锡矿砂等,进口货物主要有大米、糖、盐、面粉、小麦及建筑材料等。

繁忙的马六甲港具有重要的战略地位,经过马六甲海峡的船只大多在本港外 10 千米处驶过,港口服务设施有小汽艇、医疗站、给养站。

海上咽喉，多元文化

马六甲港所在的城市——马六甲，是马六甲州的首府。历史上，郑和下西洋有6次在马六甲停靠。如今马六甲港是马六甲海峡这条海上生命线的咽喉所在。

马六甲境内低丘浅阜，多橡胶林；海滨椰林遍布，渔村绵延不绝。市内有郑和下西洋的遗迹——三宝井；乡村有著名的"马六甲牛车"，造型奇特，车篷两头如弯月般翘起。

这里居住着马来西亚人、华人、印度人、葡萄牙人后裔及欧亚混血儿，多通晓数种语言。屋宇参差多样，瑞狮门扣、镶龙嵌凤，处处显示出马六甲这座历史古城的独特风貌。

↓马六甲港局部

35. 巴生港

马来西亚最大港口

巴生港,旧名"瑞天咸港",是马来西亚最大的港口。该港位于马六甲海峡的东北部,腹地广阔,是世界著名货柜港,也是马来西亚木材、棕油与橡胶的主要出口港。

区位优势

巴生港是马来西亚的海上门户,正对着马六甲海峡,是远东至欧洲贸易航线的理想停靠港,与全球 120 个国家和地区进行着频繁的贸易往来,并与主要航线的 500 多个港口有着业务联系。公路、铁路、航空、水运形成的立体交通网络,使巴生港以快速、高效的运转誉满全球。

↑ 夜色下的巴生港局部

马六甲海峡

马六甲海峡是连接太平洋与印度洋的国际水道,被誉为"海上生命线",现由新加坡、马来西亚和印度尼西亚三国共同管辖。

马六甲海峡是印度和中国之间最短的海上航道,也是世界水上运输最繁忙的水道之一。世界上有 1/4 的运油船需要经过马六甲海峡。

为了适应未来的航运需求,近些年来,巴生港港务管理局又筹建了 8 个泊位码头。再加上拥有超一流的自然环境和地理条件,巴生港未来的发展不容小觑!

36. 柔佛港

以散杂货运输为主业

柔佛港虽然只是马来西亚第三大集装箱港口，但它特点鲜明，一直是以散杂货运输为主业的港口，港口赢利逐年攀升，颇受世人瞩目。

业务特色

柔佛当地政府认为，由于周边已有超级大港新加坡港，再发展集装箱码头，毫无优势，因此确定了以油品、粮食、肥料等散杂货装卸为主的发展方向，坚持把港口经营的重点放在提高散杂货码头的服务质量上，以垫补新加坡港的不

⬆ 柔佛港局部

足。因此，柔佛港迄今仍然是一座以多用途为特色、以为地方经济服务和推动地方经济发展为宗旨的海港。

港主制度

港主制度是19世纪柔佛贵族招揽华人到港脚（两河之间）开垦、开发柔佛的一种制度。港主制度实施以后，柔佛各地竞相被开辟，这是柔佛实施港主制度对当地最大的贡献。进入20世纪后，柔佛已成为一个现代化商业城市。港主制度的影响也逐渐减弱。

因地制宜的发展方向让这座港城拥有广阔的发展前景。目前，柔佛港正在新建一座棕榈油储罐和一条直接通往油轮码头的棕榈油输送管道，以便迎接马来西亚棕榈油出口的新高潮！

37. 科伦坡港

斯里兰卡最大港口

科伦坡港,位于印度洋北侧,是斯里兰卡最大的港口,也是世界上最大的人工港口之一。科伦坡港是世界航道上横渡印度洋过往船只的补给站,也是欧亚非各国和太平洋地区航运的必经之地。科伦坡港对于斯里兰卡来说至关重要,每年这里都会集散全国 90% 的对外贸易商品。

吞吐量不断增长

在科伦坡港的西南面、东北面和西北面各有 1 道防波堤,方便船只进出港。科伦坡港港口吞吐量不断增长的最大功臣当数斯里兰卡港务局负责经营的国企码头。目前,港口吞吐量已超过 500 万吨,科伦坡港进一步显示出其在南亚中转货物枢纽港的地位。

⬆ 科伦坡港局部

港口历史

科伦坡港,历史悠久。早在 8 世纪,科伦坡港就已经成为商贸重镇。当时的科伦坡还被称作"科兰巴"("港口和芒果树"之意),由阿拉伯人在此筑屋定居。到了 14 世纪,中国商人频繁往来科伦坡港进行商贸活动。16 世纪时,葡萄牙殖民者在此地建立了军事要塞,并将此地更名为"科伦坡"。19 世纪时,英国修建了科伦坡港。

科伦坡港地位显赫,在印度洋上"无人能敌"。依仗先天的优势和后天的努力,科伦坡港必将取得更大发展。

38. 迪拜港

中东第一大港

迪拜港，地处黄金位置，擅长转口贸易，是中东地区规模最大的自由贸易港。拥有百万吨级干船坞的迪拜港，由拉什德港区和杰贝拉里港区构成。其中，杰贝拉里港是世界上最大的人工港。为实现全球性航运枢纽的宏伟愿望，迪拜港的脚步从没有停歇，港口建设仍在如火如荼地进行。

↑ 迪拜港码头局部

集装箱大港

迪拜港的集装箱年吞吐量一直雄踞中东地区首位。业绩傲人的迪拜港，主要得益于其得天独厚的地理条件——背靠阿拉伯国家的广阔市场。当然，低廉港口使用费和码头费也是使迪拜港风生水起的原因。

坐落于盛产石油的中东地区，迪拜港自然用不着进口石油。但是，

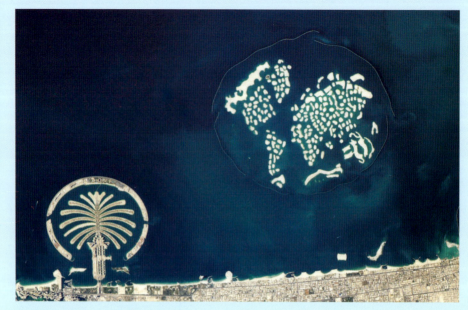

⬆ 迪拜棕榈岛与世界群岛

除了石油之外,迪拜港几乎什么货物都进口。令世界惊讶的是,迪拜港每年进口货物的一半,都会直接被本地及其周边地区消费。要知道,阿联酋70%左右的非石油贸易都集中在迪拜。

世界群岛

高调奢华的迪拜,到处存留着人工雕琢的痕迹。在人们的匠心独运之下,这里布满世界之最、奇迹之景。由300座岛屿组成的世界群岛就出自人工之手。这些有名的迪拜人造群岛,坐落于迪拜沿岸的浅水域,从空中俯瞰,宛如一幅世界地图。曾经有人这样比拟过,如果说迪拜人工棕榈岛是将迪拜放在世界地图上,那么迪拜世界群岛则是将地图放在迪拜上。

迪拜港,向来喜欢追求极致,追逐巅峰之美。如今的它,正向着阿联酋地区最富有、最通畅、最壮大的国际大海港的目标奋力前行。

39. 马尼拉港

菲律宾国门

马尼拉港，可谓菲律宾港口界的老大。虽说它身为菲律宾国门，但是由于其地理位置并不占优势，不具有显赫的地位，因此影响了马尼拉港成为国际集装箱枢纽港。

基础设施落后

虽然马尼拉港是菲律宾吞吐量最大、现代化程度最高的港口，但是，在世界海港家族中，马尼拉港并不占优势。马尼拉港的标签，很难摆脱"拥挤"、"落后"、"效率低"等词汇。

马尼拉港的基础设施薄弱，港口道路交通设施非常落后。由于交通有硬伤，所以不少

⬆ 马尼拉港局部

国际集装箱承运人和国际港口投资商对此望而却步。如今，马尼拉港的不利因素已经影响到了菲律宾出口的增长率。

马尼拉港战役

历史上的马尼拉港，命运多舛。1570 年 5 月 8 日，西班牙舰队北上抵达并占领了马尼拉。西班牙人希望将马尼拉当作向菲律宾中、北部扩张的军事基地。在海权时代的贸易影响之下，马尼拉港在西班牙人的统治之下也渐渐成为一个商贸海港。直到 1898 年，在此地爆发的一场马尼拉港战役，才结束了西班牙对菲律宾的殖民统治。然而，这场战争的发动者，并非菲律宾人民，而是美国军队。此后，马尼拉港又陷入美国的殖民统治之中。

百业待兴的马尼拉港，是享受自由和繁荣的时候了。期待未来的美好，能让马尼拉港重拾希望。

↑ 马尼拉港局部

40. 孟买港

"印度门户"

孟买港是印度最大的港口。它是南亚大陆桥(东起加尔各答,西至孟买,全长 2000 千米)的桥头堡,是印度海、陆、空的交通枢纽,被誉为"印度门户"。

"棉花港"

孟买的工业发达,是印度的经济中心之一,以纺织业最为著名,其纺织厂数量占全国纺织厂总数的40%,每年生产的棉布、棉纱行销于国内外,在东南亚市场享有盛誉。

↑ 孟买港局部

除棉纺外,还有麻纺、毛纺、化纤、混纺和纺织机械等行业,已形成完整先进的纺织工业体系。孟买港也因此成为世界上最大的纺织品出口港,有"棉花港"之称。

娱乐之都

孟买是印度的"娱乐之都",该市是印度印地语影视业(宝莱坞)的大本营,全国大多数电影制片厂设在这里,故有"印度的百老汇"之名。宝莱坞出产的电影通常伴有歌舞,诙谐、浪漫,独具风格。

印度城市中的皇后

随着近年来印度半岛附近浅海油田的开发,这座城市成为石油开采的后方基地,孟买港也将借此走上新的高峰。印度人将孟买誉为"印度城市中的皇后",那孟买港就是皇后头上那顶闪耀华彩的王冠。

41. 加尔各答港

"黄麻港"

加尔各答港坐落于印度东北部恒河三角洲胡格里河左岸,距河口约230千米,位于孟加拉湾的北侧,是印度东部最大的港口,因主要出口黄麻,又有"黄麻港"之称。

印度第二大港

加尔各答港在印度实力强劲,是印度第二大港,是全印度经济、交通和文化的中心之一。

加尔各答港是工业大港,码头最大可停靠8万载重吨的船舶。海港吐纳着工业物资,繁华而忙碌,成为内陆国家尼泊尔、不丹和锡金的出海口,是这些国家与外界联系的通道。

港区自南而北有:呈不规则形的纳塔尔坞式港池,各泊位长约183米;基德坡坞式港池,长条状,港池沿边有19个杂货泊位、2个煤炭泊位。河岸码头,除纳塔尔港池北的河沿有4个煤炭泊位外,沿河大多数为油类码头。

宫殿之城

加尔各答,是印度西孟加拉邦首府,有着独特的社会革命历史,拥有相互交映的各式建筑,是一座名副其实、灿烂辉煌的"宫殿之城"。

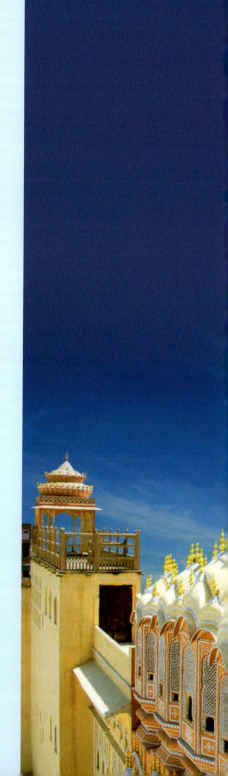

哥特式建筑、巴洛克建筑、罗曼式建筑、东方式建筑和印度－伊斯兰建筑各色风格的殖民地建筑星罗棋布。维多利亚纪念堂闻名全国；建立于 1814 年的印度博物馆是亚洲最古老的博物馆，其收藏有自然和艺术方面的大量收藏品；印度国家图书馆则是该国最好的公共图书馆。

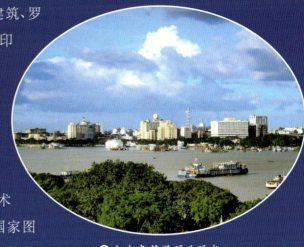

⬆ 加尔各答港码头风光

42.卡拉奇港

海蓝色宝石

卡拉奇港位于巴基斯坦南部沿海印度河三角洲的西南部,濒临阿拉伯海北侧,有屏障可阻挡海流泥沙回淤和防避风浪袭击,宛若一颗海蓝色的宝石,镶嵌在巴基斯坦的土地上。

巴基斯坦最大港口

卡拉奇港光芒闪耀,是巴基斯坦最大的港口。卡拉奇港有巴基斯坦国际集装箱码头和卡拉奇国际集装箱码头两个主要的集装箱码头,一共有22 个泊位和 1 座石油码头,年吞吐量近 1000 万吨。

卡拉奇作为港口城市,是巴基斯坦的全国工商业和文化中心,经营着全国海上对外贸易,也转运来自阿富汗的一部分物资。卡拉奇港也是巴基斯坦最大的军港。巴基斯坦海军部队主要驻扎在卡拉奇。

古今融合

卡拉奇将古代文化和现代文明完美结合。由一个小渔村发展而来的卡拉奇港,有着典型波斯风格的特达古城,代表着巴基斯坦最久远的回忆;卡拉奇港同时又洋溢着现代的气息,清新时尚。巴图大清真寺通体洁白,被当地称为"海军教堂"。

⬆ 卡拉奇港局部

43.符拉迪沃斯托克港

功能全面,身兼多职

符拉迪沃斯托克(海参崴)港位于俄、中、朝三国交界处,是俄罗斯在太平洋沿岸最重要的商港、最大的渔港,也是俄罗斯太平洋舰队和第 23 空军司令部所在地。由于其在日本海沿岸的特殊地理位置,此地寒、暖流交汇又靠近沿岸河口,拥有得天独厚的渔业资源,是俄罗斯远东地区的海洋渔业基地。

交通要冲,军事重镇

符拉迪沃斯托克港是俄罗斯远东地区的交通枢纽,是通往欧洲和西伯利亚的门户,连接欧亚文明的重要纽带,全长 9288 千米、被誉为世界十二大奇迹之一的西伯利亚大铁路的终点就在这里。

作为俄国(前苏联)在太平洋上最重要的基地,符拉迪沃斯托克一度是世界上最坚固的海岸堡垒之一。俄罗斯海军第二大舰队——太平洋舰队的主力舰悉数停泊于此。

⬆ 符拉迪沃斯托克港局部

↑ 符拉迪沃斯托克局部

又名"海参崴"

符拉迪沃斯托克在 1860 年前为中国领土,中国传统上称其为"海参崴",因盛产海参而得名。1860 年,第二次鸦片战争结束后,清政府被迫与俄国签订了不平等的《中俄北京条约》,割让了乌苏里江以东包括库页岛在内约 40 万平方千米的领土,其中就包括海参崴。

俄罗斯首个"自由港"

俄罗斯总统普京 2015 年年初宣布,俄计划将符拉迪沃斯托克港设立为俄罗斯第一个自由港。这将让该港口拥有更广阔的发展前景,将对俄罗斯远东地区的国际与沿海运输起到更加重要的作用。

亚丁湾的景象 ↑

44. 亚丁港

也门最大港

亚丁港位于阿拉伯半岛西南端,亚丁湾北岸,是也门民主人民共和国最大的海港和重要的转口港,有27个深水泊位可供万吨巨轮停泊,年货物吞吐能力约1500万吨,为世界闻名的加油港和供水港。

↑ 亚丁港局部

海陆要冲,动力基地

亚丁港是红海通往印度洋的要冲,是欧、亚、非三洲之间海上航运中心,也是阿拉伯半岛国家的重要出海口,战略地位非常重要。亚丁港是古老东西方贸易重要的中途站,印度洋、红海、地中海的重要转运站和物资集散地,苏伊士运河开通后,亚丁港的地位更加重要,经济更加繁荣。

亚丁港有水下管道直通岸上,能同时为 15 艘海船加油、上水。目前亚丁炼油厂每年炼油 800 万吨左右,能为 500 艘巨轮提供燃料,所以亚丁港又成为供应国际远洋船舶燃料的重要基地,有"世界第二大加油港"之称。

石油助力发展

也门经济落后,是世界上最不发达的国家之一,1991 年海湾战争和 1994 年内战使国民经济严重倒退。也门经济发展主要依赖于石油出口所带来的收入,已探明石油可采储量约 60 亿桶。也门未参加任何石油组织,在生产上不受国际石油组织配额限制,具有较强的自主性。也门政府非常重视石油勘探和开采,以期通过开发石油资源克服经济困难。一度受益于国际市场的高油价,也门石油出口占财政收入的 60% 以上,这对推动也门经济发展发挥了重要作用。

第二部分

欧洲海港

　　伦敦港诉说着"日不落"帝国的跌宕沉浮,马赛港造就着雄浑激昂的英雄传奇,波尔多港展现着"葡萄酒皇后"的万种风情,威尼斯港流淌着"水城"的浪漫情长……欧洲海港,或饱含浓浓的人文气息,或有着沧桑的悠久历史……吐纳着西方海运的繁华,诉说着海上强国的传奇。

45.伦敦港

温雅有度

伦敦港横跨英国泰晤士河下游的南、北两岸,从河口开始向上游延伸,直至特丁顿码头。伦敦港扼大西洋航道的要冲,是整个不列颠群岛的物资集散地,连接西欧与北美洲的桥梁。伴随"日不落帝国"几经沉浮,如今依然温雅有度。

大不列颠第一大港

伦敦港码头长 33 千米,水域面积达 207 万平方米。伦敦港拥有印度和米尔沃尔港区、蒂尔伯里港区和油轮码头,是名副其实的大不列颠第一大港。

↑伦敦港局部

伦敦港的船坞、码头上可有 150 艘船只同时在此停泊,可见港口实力的强大。近年来,年吞吐量基本上保持在 5000 万吨。长

期以来伦敦是世界上最大的航运市场,全国密集的铁路网和公路网在伦敦交会,铁路网继而与港口相连接。"伯明翰—巴黎—鲁尔工业区"等大工业区之间因伦敦港得以沟通。拥有众多封闭式港群,是该港一大特色。

"日不落帝国"的沉浮

伦敦港,见证着大不列颠岛发展的历史,伴随着"日不落帝国"称霸海洋的全程。

公元 43 年,这里已被辟为通商港口,"伦敦城"雏形乍现。17 世纪初英国取代西班牙成为海上霸权国家后,伦敦港随着英国的海外扩张见证着"日不落帝国"的神话。第一次工业革命后,英国控制了海上贸易。然而在"二战"中伦敦遭受重创,之后又重新振作,续写大不列颠的辉煌!

伦敦港,久经风雨,历尽沉浮。
如今强大的伦敦港已不惧风吹浪
打,只有伦敦特有的认真、沉稳与
温雅。大不列颠第一港,厚积
薄发,再创辉煌!

46. 利物浦港

利物浦港位于英国西部沿海的默西河口、爱尔兰海的东南侧。

英国第二大海港

利物浦港是英国第二大海港,实力雄厚,有主要港池10多个,码头全长11千米,有50多个供外国船只停泊的作业码头,其中大多数为专业性码头。

海港时尚现代,有着先进的港口设施,极高的装卸效率、码头利用率和船舶周转率,作业高度现代化。依靠现代化的港口设施和优越独特的地理位置,利物浦港成为名扬全球的贸易港,输出量居英国首位,输入量位列全国第二,仅次于伦敦港。

"欧洲文化之都"

利物浦市为"欧洲文化之都",既有古老港城的文化精髓,又跃动着现代都市的蓬勃生机。

皇家利物大厦、丘纳德大厦和利物浦港务大厦是海上利物浦的重要组成;阿尔伯特码头工业区改造成为博物馆群,供人们参观。

利物浦是娱乐的胜地,马修街是摇滚乐披头士迷们的朝圣地,复古迷幻,富于激情。

⬇ 利物浦港

47. 南安普顿港

千年古港

南安普顿港位于英国南部特斯特河与伊钦河口的汇合处。湾口外有怀特岛阻挡风浪,港阔水深。南安普顿港是一座有着千年历史的港口,传奇而神秘。

英国南部大商港

南安普顿港,英国主要大港之一,是英国南部大商港。

南安普顿港规模宏大,分东、西港区和集装箱港区。此外,还有下游入港航道两侧的油轮港区。全港有泊位70多个,港口年货物吞吐量2600万吨以上。

南安普顿港距伦敦约100千米,有铁路与公路相连;距法国的勒阿弗尔港约200千米;有轮渡与海峡群岛、怀特和勒阿弗尔港相沟通。

"通往世界的大门"

古老的南安普顿港,诉说着千年的海上风云变幻,已然成为英国"通往世界的大门"。

"泰坦尼克"号豪华邮轮、"五月花"号和"玛丽王后"号巨轮,都是在这里起锚开始处女航。如今的南安普顿,已闻名天下。盛誉满怀的南安普顿大学,在海洋科研方面与中国海洋大学有着密切的合作联系。

↓南安普顿港局部

48. 斯温西港

威尔士之光

斯温西港,位于英国威尔士高尔半岛东部布里斯托尔湾畔。早在 18 世纪,这里就是英国著名的煤港;在 19 世纪中期,这里是英国以铜为主的有色冶炼中心和世界铜贸易市场。目前,斯温西还经营铜、铅、锌、镍冶炼业等,业务发展良好。

港口建设

18 世纪,斯温西港就已经颇具规模了。如今的斯温西港发展更为全面。依托于港口的发展,再加之斯温西大学的开办,促进了斯温西冶金业、机械业的快速发展。此外,斯温西港正在努力从一个资源港口向旅游文化港转型。

观光胜地

斯温西湾,海滩宽阔,风景宜人,是个天然的观光好去处。随着斯温西港的转型升级,这里的好风光赢得了更多游客的驻足与赞扬。这里有迷人的罗西里海湾、美丽的斯温西海湾、巨大的石灰岩峭壁和壮丽的海滨景观等。

49. 马赛港

地中海门户

马赛港位于法国南部,为地中海的最大商港,南欧最大集散中心,年货物吞吐量达 1 亿吨,占法国港口年总吞吐量的 1/3,是欧洲第二大港口,更被称为"地中海门户"。

区位优越,得天独厚

马赛港是对非洲、亚太地区的主要贸易港。通过苏伊士运河和直布罗陀海峡可直达亚太、西非和拉美地区,且距中东、北非石油产地近,占尽地利。

马赛港由老港和新港两部分组成,老港是欧洲最大的客运港,新港现代化程度高,现已发展成为世界上一流的天然气运输港。

↑ 马赛港局部

以港兴市,依托贸易崛起

马赛港历史悠久,它自建立便是贸易港。随着商业、贸易和海运事业的兴起和发展,马赛逐步成为法国最大的贸易港。马赛还依托对外贸易和物流的优势开发建设城市,堪称以港兴市的典范。

在雄浑中壮志前行

马赛,是一个雄浑激昂的英雄城市。"二战"中马赛港内的法国舰艇拒绝向纳粹德国屈服,官兵壮烈牺牲,震撼了全世界。法国的国歌就是《马赛曲》。

↑ 马赛港的落日

50. 波尔多港

月亮港

波尔多港位于法国西南沿海吉伦特河口及加龙河的下游两岸,濒临比斯开湾的东侧。港口平静而广阔,既有海洋的浩瀚空间,又有平原城市的广阔腹地。波尔多港,由于所在河段形状弯曲如同新月,人们又唤它为"月亮港"。

法国大商港

波尔多港是法国西南部的重要海港,也是大西洋东岸的一大商港。这里常年受温带海洋性气候的滋润,气候适宜、温暖湿润,赋予了海港特有的气质。

↑ 波尔多局部

波尔多港包括巴森、波亚克及勒韦尔东等港区,是沟通大西洋与地中海的水运要道——自加龙河通过图卢兹经南运河后可在阿格德进入地中海。主要进出口货物为石油、煤炭、木材、花生、矿石、烟叶、沥青、糖浆、磷灰石及化工品等。

"葡萄酒之后"

波尔多盛产的葡萄酒口感柔顺,被誉为"葡萄酒之后"。

梅多克是波尔多葡萄酒的代表产地,有人甚至叫它为"酒中凡尔赛";特等"波尔多红葡萄酒"被称为世界葡萄酒"皇后"。

51. 威尼斯港

意大利商港

威尼斯濒临意大利威尼斯湾的西岸。它不仅是"水城"，是世界著名的旅游胜地、意大利重要的商港，还是意大利的炼油中心、造船中心。

因水而兴

威尼斯为意大利东北部重要港口，中世纪曾为地中海最繁忙的港口城市，是整个地中海地区最著名的集商业、贸易、旅游于一体的大都市。港口总面积达 250 公顷，年吞吐量 3000 万吨左右，每年进出船只在 1 万艘以上，费用也较便宜，设有自由贸易区。

⬆ 威尼斯港局部

水城威尼斯是文艺复兴的发源地，也是意大利的历史文化名城。意大利文艺复兴时期，它的地位无可替代，是除佛罗伦萨以外，另一个推动意大利文艺复兴运动的"旗手"。

"狂欢节之城"

威尼斯狂欢节是当今世界上历史最久、规模最大的狂欢节之一，威尼斯素来有"狂欢节之城"的称号。每当狂欢节，从世界各地慕名而来的游客和当地人一起，戴上面具，消隐身份，恣意狂欢，整个威尼斯宛如欢乐的天堂。

"上帝之泪"

有人形容威尼斯是"上帝之泪"，它是世界上唯一没有汽车的城市。

52. 热那亚港

意大利最大海港

热那亚港是意大利最大的海港,每年进出港口的船只达 1.6 万多艘,年吞吐量 6000 万吨。从热那亚港进出口的货物占意大利各港口总量的 1/5。热那亚港还建有地中海第一个集装箱码头,并不断增添港口机械设备和相应的配套设施,加快港口现代化进程、加快装卸速度,发展势头迅猛,日渐成为南欧的重要港口。

秩序稳定

近年来,热那亚港发展势头颇引人注目,然而 2005 年热那亚港吞吐量曾有所减少,这影响了意大利很多货物的进出口。随着港口各项制度的修改与完善,加之港口优越的区位和地理条件、意大利稳定的社会秩序和来自东方的货物流动大幅增长,热那亚港的发展也进入一个全新的阶段。

↑ 热那亚港局部

热那亚港的社会秩序稳定尤其为港务局所津津乐道。6 年来,未发生过严重的港口、码头工人罢工事件,这与地中海沿海的其他港口形成鲜明对比。

辉煌港口史

由于地理位置优越,热那亚自古以来就是沟通地中海沿岸地区与欧洲大陆之间的重要通道。早在 4 世纪时,就成为利古里亚地区的重要贸易中心。第二次世界大战后期,热那亚遭到战火的破坏。随着战后经济的恢复,海洋运输业活跃,热那亚港不断发展扩大,以港口业务为支柱的热那亚城市经济也快速发展起来。

近年来由于全球最大的集装箱承运公司马士基在热那亚港开辟远洋干线,使热那亚港进一步扩大了贸易范围,加强了与世界其他大型港口的联系,今后的发展前景必将更加广阔!

53.巴塞罗那港

西班牙最大海港

巴塞罗那港,位于西班牙东北沿海略夫雷戈斯河口东岸。在西班牙,巴塞罗那港可是绝对的港口老大,为西班牙最大的杂货港、西班牙最大的海港。巴塞罗那港之大,并非全是大自然的恩赐,其部分港口海岸由人工填挖而成。

港口建设

巴塞罗那港,不仅码头建设布局井然、条理有序,其自由贸易区、装卸设备和交通建设等基础设施也都非常好。多方面软、硬件条件的良性配合,令巴塞罗那港业绩不断攀升,成功跻身地中海沿海十大集装箱吞吐港。

⬆ 巴塞罗那港局部

巴塞罗那旧港

巴塞罗那旧港最有标志性的建筑物就是哥伦布纪念塔。曾经破败不堪的它,却因为一场奥运会而重焕青春。1992 年,为了迎接奥运会的到来,这里接受了重建整改工程的洗礼,转而成为一个现代化的水上娱乐中心和游艇俱乐部基地。

秩序井然的巴塞罗那港,给人们踏实稳重之感。而今,她越发兴旺,似乎在向人们证明:它会一如既往,平稳前行。

54. 巴伦西亚港

马德里的进出门户

巴伦西亚港,位于西班牙巴伦西亚湾内,是首都马德里的进出门户。在西班牙,巴伦西亚港是工作时间最长的港口。海港昼夜不休,迎来送往各地商船。虽然巴伦西亚港总吞吐量并不突出,但其杂货吞吐量在西班牙位居第二。

内港与外港

巴伦西亚港,有内港与外港之分。从高空俯瞰,内港呈多边形。平日里,内港主要作为客运和杂货运输的场所。而拥有10余个泊位的外港,比内港更"霸气"一些,这里主要是远洋货船的停泊区。

番茄大战

每年8月份,巴伦西亚自治区的布尼奥尔镇都会迎来一场有趣的"战争"——番茄大战。这场大战开始于8月份的最后一个星期三,那一天热闹非凡,"大战"之后小镇的大街小巷都染上了红色。这场起源于1944年的番茄大战,经过70多年的发展,已经成为布尼奥尔镇最具特色的传统文化活动。

⬆ 巴伦西亚港局部

55.斯德哥尔摩港

瑞典第二大港

斯德哥尔摩港位于瑞典东海岸,波罗的海、波的尼亚湾与芬兰湾的交会处。从该港驾船向北可抵达耶夫勒港和吕勒奥港,向东行进可抵达赫尔辛基港、圣彼得堡港和塔林港,向南可到格丁尼亚港,向西南则可以到达基尔港等。由众多海港环绕的斯德哥尔摩港,是瑞典的第二大港,规模仅次于哥德堡港。

港口特点

要想顺利进出斯德哥尔摩港,需要事先做些功课。首先要熟悉航道。在斯德哥尔摩港的周围,有许多岛屿,使入港航道变得曲折。其次,还得选对日期。每年的1月到4月,是斯德哥尔摩港的冰冻

↑ 斯德哥尔摩港局部

期。封冻之时,需要借助破冰船的力量才能打通航道。

北方威尼斯

斯德哥尔摩是一个典型的水上城市,被誉为"北方威尼斯",由14个大小岛屿和部分大陆区组成。市内水道纵横,借助70多座桥梁得以沟通。

56. 哥德堡港

瑞典最大港口

哥德堡港,位于瑞典西南沿海一带的约塔河口,通过一条运河,与斯德哥尔摩市相连。身为瑞典最大的港口,斯堪的纳维亚半岛的第一大港,哥德堡港还是瑞典通往大西洋最便捷的港口。

哥德堡港在瑞典的重要地位,早在 18 世纪初期就奠定了。那时候,瑞典海上航运业日渐繁荣,哥德堡港也成了瑞典的第一大港。

不冻之港

虽然哥德堡港所处的纬度偏高,但是并不影响其冬季的繁华,港区甚至比其他季节更显热闹。冬季的哥德堡港,海面虽然会结冰,却不至于封港。但瑞典东部的其他港口就没有这么幸运,港口相继封冻,致使港口停工。原本由这些港口承担的贸易业务便大量转移到了哥德堡港,使得该港在数九寒天中依然热火朝天。

港口历史

哥德堡港,始建于 1603 年。刚建成不久,就在 1611 年至 1613 年的战争中受到了致命的破坏。值得庆幸的是,此后的哥德堡港迅速从战争的损伤中恢复,并发展成为瑞典的商业中心。那时,哥德堡港成

为瑞典通向大西洋的唯一海港。19世纪初,拿破仑实行欧洲大陆封锁令,禁止英国货物输出到欧洲大陆,以期通过制裁逼迫英国妥协。哥德堡港就成为当时为数不多的对英贸易口岸。

⬇ 哥德堡港局部

哥德堡港夜景 ⬇

57. 马尔默港

瑞典第三大港

马尔默港,位于瑞典南端厄勒海峡的南部东岸,是瑞典的第三大港,也是欧洲各国贸易的中转港。马尔默文化气息较浓厚,由国际海事组织(IMO)于 1983 年建立的世界海事大学就坐落在这里。

厄勒大桥

丹麦的哥本哈根港与马尔默港隔海相望,在历史上两个港口曾联系紧密。而如今,隔着一道海峡,还有着不同的国籍。无论过往如何,它们之间的分隔正在慢慢消融。两个港口之间不仅有火车轮渡互通,还有跨海大桥——厄勒大桥相通。厄勒大桥的建成,不仅大大缩短了从丹麦哥本哈根至瑞典马尔默之间的距离,也将斯堪的纳维亚半岛与欧洲大陆连接了起来。

历史上的马尔默

历史上的马尔默,凭借着优良的地理位置,一度成为兵家必争之地。丹麦、瑞典和德国汉萨联盟都曾对此地虎视眈眈。16 世纪初的马尔默,发展进入了黄金时代,最繁荣的时候还一度成为丹麦仅次于哥本哈根的第二大城市。1658 年,瑞典国王卡尔十世率领军队打败丹麦,马尔默才正式成为瑞典的城市。而马尔默港,直到 1775 年才得以建成。

⬆ 马尔默港的灯火

↑ 汉堡港俯瞰

58. 汉堡港

世界上最大的自由港

汉堡港历史悠久,始建于 13 世纪,位于德国东北部易北河下游,是欧洲最重要的中转海港。目前,汉堡港已经成为德国最大的港口,欧洲第二大集装箱港,世界上最大的自由港。

辐射东欧

汉堡港规模宏大,码头用途多样。尽管地处西欧,汉堡港却渐渐成为东欧地区的配送中心。汉堡至东欧各国的铁路运输均为直达,中间无须办理通关、边检等烦琐手续,这些都为汉堡港成为东欧配送枢纽提供了有利条件。

汉堡港口节

1189 年 5 月 7 日,德意志皇帝腓特烈一世向汉堡签发特权,批准汉堡从易北河下游至北海的船只都可以享受免税待遇。至此,5 月 7 日这一天被定为汉堡港的诞辰日。1911 年,在议员威尔姆博士的建议下,汉堡港口节正式成为公众节日。如今,汉堡港口节已经发展成为世界上最大的港口节。

59. 圣波得堡港

俄罗斯最大港口

圣彼得堡曾叫列宁格勒，是俄罗斯对外联系的门户，重要的水陆交通枢纽之一，以及重要的国际航空站。港口年吞吐量 1000 多万吨，这里有俄罗斯最大的集装箱码头，可转载各种符合条件的货物。港口基础设施完备，有各种机械化装卸设备，是俄罗斯在波罗的海的大型港口，更是俄罗斯国际贸易的重要中转站。

水路枢纽，经济中心

圣彼得堡港是俄罗斯水陆交通枢纽之一，有 11 条公路在此交汇、60 多条航线与国内外港口通航，还有 12 条铁路呈辐射状通向莫斯科、摩尔曼斯克等国内大城市，连通白俄罗斯、波兰、芬兰等邻国，是横贯俄罗斯东西铁路干线的西方终点。

圣彼得堡是俄罗斯重要的经济中心之一。圣彼得堡的工业发达，技术力量雄厚，工业部门齐全，并以机械工业为主，其中重型机械、精密仪器制造业占有重要地位。

◆ 圣彼得堡港局部   圣彼得堡港局部 ◆

圆 圣彼得堡港局部

"面向西方的窗口"

圣彼得堡是俄罗斯乃至世界上最大的科学和教育中心,更是一座文化名城。俄罗斯在近三个世纪中取得的大多数科学成果出自圣彼得堡。圣彼得堡的科学学派在世界上亦享有崇高的声望。这里有彼得大帝时代建起的科学院,有 50 多所博物馆,被誉为博物馆城,俄罗斯著名诗人普希金将其称为俄罗斯"面向西方的窗口"。

圆 繁忙的圣彼得堡港一角

圣彼得堡,被称为俄罗斯的"北方首都",又是历史文化名城。圣彼得堡港对俄罗斯运输系统乃至整个欧洲运输系统发挥着举足轻重的作用。

↑ 摩尔曼斯克港局部

60. 摩尔曼斯克港

得天独厚，地位独特

摩尔曼斯克是俄罗斯北冰洋沿岸最大的海港城市，港口年吞吐量1000万吨。它是北极圈内少有的不冻港之一，且是俄罗斯在北冰洋和太平洋海域著名的不冻港。因为这一得天独厚的特点，再加上它特有的战略位置，使得摩尔曼斯克成了俄罗斯最重要的北方极地海运基地和北方舰队基地。

终年不冻，与军事共荣

摩尔曼斯克港所在的俄罗斯科拉湾三面环山与丘陵，阻挡了寒风和气流对海港的侵袭，加上北大西洋暖流的不时光顾，使湾内海面在外界 −40℃ 的低温下仍能碧波荡漾。

摩尔曼斯克港的发展与俄罗斯北方海上军事力量的发展息息相关。它是俄罗斯乃至世界最大的军港之一，由于该港直面广阔的北冰洋，附近海域没有其他国家的峡湾阻挡，舰船出入方便且安全，因此具有重要的战略地位。受俄罗斯北方舰队庞大的系统影响,加上该国建设的具有核潜艇建造能力的北方造船厂,这里的造船业与核工业逐步发展壮大。

北极科考重地

摩尔曼斯克港作为贯穿北冰洋的北海航线的起点,在俄罗斯北极科考中起着至关重要的作用,多次作为北极科考的出发点。同时摩尔曼斯克还是俄罗斯北极地区各岛屿与考察站的补给基地,是北极地区重要的科研中心,有极地研究所、海洋渔业及海洋学等研究机构。

神秘与梦幻交织的极致之城

摩尔曼斯克,这个神秘之城,它的魅力还不仅如此。极光,是大自然赋予摩尔曼斯克的又一份礼物。这里是世界著名的极光观赏地,也能开展独特新奇的"北极点之旅"。

↑ 摩尔曼斯克港附近的邮轮

61. 鹿特丹港

昔日第一大港

鹿特丹港是荷兰和欧盟的货物集散中心与粮食贸易中心,是世界上货物吞吐量最大的海港之一,是亚欧大陆桥的西桥头堡(东桥头堡是中国连云港市),曾多年(1961～2003)蝉联"世界第一大港"头衔,是重要的国际航运枢纽和国际贸易中心。

欧洲门户

鹿特丹港被称为"欧洲门户",濒临世界海运最繁忙的多佛尔海峡,地理位置优越。它不仅是通往世界各地的国际海港,也是内河航运的重要枢纽,通过运河与莱茵河等河流连通。每年出入鹿特丹港的远洋轮船大约有3.5万艘,这里还有欧洲最大的集装箱码头,装卸过程全部由计算机控制。

兴海工程

荷兰是世界上对海洋采取治理措施最积极的国家之一,远在13世纪就开始用围海造田的办法来扩充土地。在围海造田的过程中,荷兰人民就

⬇ 鹿特丹港局部

已经会利用风能抽干农田中的水。放眼望去,全国上下到处都是形形色色用来抽水的风车。风车成为了荷兰的一大特色,荷兰被誉为"风车王国"。

　　21 世纪荷兰最突出的兴海工程,当属即将完工的三角洲工程。这项工程是迄今为止世界上最大的防潮工程。它的建成使位于福克角三角洲以上的鹿特丹地区 100 多万居民免受风暴潮灾害之苦。

　　优越的地理位置,先进的基础设施,高度发达的物流服务,优惠的税收政策,这些都使鹿特丹港如荷兰国花郁金香一样声名远播,延续"门户"传奇!

⬆ 鹿特丹港局部

⬇ 鹿特丹港附近的风车

⬆ 安特卫普港局部

62. 安特卫普港

欧洲第三大港

安特卫普港是比利时最大的海港,年货物吞吐量近 1 亿吨,是著名的欧洲第三大港。比利时全国海上贸易的 70% 通过该港完成。

人工港,环保港

安特卫普港是一个人工港,属于挖入式封闭港,港口拥有目前世界上最大的海船闸,还有易腐货物专用码头,主要用于贮存新鲜水果,是西欧最重要的水果进口港。

安特卫普港使用大型集装箱经海上发送货物,可保证旅途安全,相对公路运输,还可减少交通拥堵,省下一大笔费用。此外,经由安特卫普港中转的集装箱运输方式还可保护生态环境。比如,将同一集装箱运至 120 千米外的目的地,公路运输所排放的 CO_2 要比水路运输高出 5 ~ 7.5 倍。

世界钻石之都

安特卫普,是钻石之都! 每天,都有大量来自各地的人来到安特卫普物色钻石。

钻石,从加工到集散,在安特卫普市的发展过程中担当着重要角色。时至今日,安特卫普已成为世界上最大的钻石贸易中心。这里加工的钻石主要用于出口,产值占比利时全国出口总额的6.5%。据说,世界上每5颗未经切割的钻石中就有4颗要在安特卫普进行处理,世界上50%以上的钻石在这里抛光。

与中国合作

2008年6月,安特卫普中国办事处正式成立,为中欧贸易架起一座桥梁,更多的中国企业和商业项目与比利时商务组织成功对接,安特卫普港成为中国与欧洲贸易的重要港口。

↑ 安特卫普港局部

63.伊斯坦布尔港

土耳其最大的海港

伊斯坦布尔港是土耳其最大的海港,也是全国进出口贸易中心,年吞吐量1000万吨以上,海洋运输业在土耳其对外贸易和远距离大宗货物运输中占据着重要的地位,其运量占全国海运总量的1/3。

↑ 伊斯坦布尔港局部

欧亚非枢纽

在亚洲大陆最西端的黑海与地中海之间,有一条至关重要的"黄金水道",伊斯坦布尔港则是这条"黄金水道"的关键一环。从伊斯坦布尔港放眼西望,欧洲大陆近在咫尺,这里是古"丝绸之路"的重要站点。南接地中海,从海上可同欧、亚、非三大洲沟通,是名副其实的洲际交通枢纽。

兼容并蓄,文化历史之都

3000多年间,优越的地理位置,使伊斯坦布尔成为兵家必争之地,希腊、罗马、土耳其均曾占领过这座城市,使它深受基督教和伊斯兰教的影响,伊斯坦布尔也因此沉淀了深厚的文化底蕴;它不仅在地理上横跨两洲,还兼收并蓄欧洲、非洲、亚洲各个民族的思想、文化、艺术的精粹,长期以来扮演东、西方思想文化交汇点的重要角色,留下了众多名胜古迹。

伊斯坦布尔就是这样一个神奇的存在,虽然经历了多次主权归属的更迭,但依托良港,它不仅没有衰落,反而成为土耳其经济、文化中心,是土耳其的"心动之地"。

伊斯坦布尔港局部

64. 哥本哈根港

"美人鱼"的故乡

哥本哈根港位于丹麦海峡的西侧,与瑞典南部的马尔默隔峡相望,是丹麦的著名商港。这里是"美人鱼"的故乡,浪花轻轻拍打着海边静静深思的美人鱼雕像,海风轻轻诉说着古老的丹麦童话。

丹麦第一大港

哥本哈根港是波罗的海航运枢纽,是北欧海、陆、空交通枢纽,为丹麦第一大港。

海港位于市区东部,拥抱着外港、内港及东港港区。外港的核心是北港,有半封闭式港池,也有敞开式港池。内港是沿海船港区。东港则是石油港。全港中级以上泊位有110个,货物年吞吐量2000万吨以上,集装箱装卸10多万标准箱。

童话王国

哥本哈根,一个童话的王国。以其优美的童话故事名扬世界。

《丑小鸭》、《海的女儿》等脍炙人口的安徒生童话在这里诞生。美人鱼铜像在海边静静凝思,仿佛在思念着心中的王子。在市政厅广场伫立着一座安徒生的全身铜像,"童话之父"的形象格外亲切。

⬆ 海边的美人鱼铜像

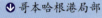
⬇ 哥本哈根港局部

65. 奥尔堡港

日德兰半岛上的繁华

奥尔堡港位于丹麦日德兰半岛利姆富德河下游两岸,濒临奥尔堡湾的西北侧。这座古老的港口,在时光荏苒中,依然繁忙熙攘,成就着日德兰半岛上的繁华。

奥尔堡港局部

丹麦大商港

奥尔堡港是丹麦日德兰半岛上的大商港。港区分布范围较广,有西水泥厂码头、发展区港区、沿海船港池、北水泥厂码头、东港池、东水泥厂码头等。港口的下游还扩建东港区。港口年货物吞吐量约 1200 万吨。

位于西欧与斯堪的纳维亚地区交通要道的奥尔堡港,深受西欧地区青睐,成为重要的交通中心。

"北方小巴黎"

奥尔堡最早由海盗发现和建设。林德霍尔姆海盗遗址据说是北欧最大的墓地。

奥尔堡是北方美丽的巴黎,清丽时尚,优雅大气。碧海蓝天,风光旖旎;处女街别具风情,年轻人在这里尽情狂欢。

66. 赫尔辛基港

"太阳不落的都城"

赫尔辛基港位于芬兰南部沿海芬兰湾的北岸,三面环海,气候温和,港外有小岛作屏障,是芬兰的天然良港。夏季每日光照时间长达 20 个小时,阳光明媚的赫尔辛基因此被称为"太阳不落的都城"。

芬兰最大港口

赫尔辛基港是芬兰最大港口。港口拥抱着 5 个港区:西港,有 10 余个远洋船水陆联运码头;东港即沙那士港,有一向南伸展的大突堤;南港是客运和近洋船码头,由一岛屿与陆地相连。其他两部分是赫吐那斯和拉贾沙隆油港区。全港年吞吐量 2000 万吨以上,集装箱吞吐量 25 万标准箱,均居该国各港之首。

"波罗的海的女儿"

赫尔辛基,芬兰首都,濒临波罗的海,被世人赞美为"波罗的海的女儿"。

赫尔辛基市区绿化面积占很大比重,建筑多用浅色花岗岩作为材料。南码头广场上的圆形喷水池中有一尊裸体少女青铜像。她面向大海,左手托腮,静静地凝望着芬兰湾,温柔娴雅,人们亲切地称她为大海女神——阿曼达。

67. 雷克雅未克港

北极圈旁的不冻港

雷克雅未克港位于冰岛西南沿海法赫萨湾内的科拉湾南岸,濒临大西洋东北侧,离北极圈较近,是冰岛最大的海港。雷克雅未克附近海域地处暖寒流汇合处,海面终年不冻,有世界上屈指可数的渔场。

冰岛最大海港

雷克雅未克港有两个防波堤防护,是冰岛最大的海港。

海港环抱在西伸的半岛四周,由老港区和海峡港区组成。半岛西北和南区有石油码头。老港区水域面向东北,船舶由东入港。海峡港区码头岸线总长830米,为新建的杂货集装箱和谷物码头。

⬆ 雷克雅未克港局部

↑ 雷克雅未克局部

在峡湾东岸湾口和东南,还有化肥厂码头和水泥码头。处于冰雪之地的它,依旧繁忙熙攘。

无烟城市

雷克雅未克,是冰岛的首都。受当地温泉之惠,这里的人们很少使用煤,城市空气清新,有"无烟城市"的美称。

雷克雅未克依山傍海,每当朝阳初升或夕阳西下,山峰呈现出娇艳的紫色,海水也变成深蓝。加上城市的房屋多涂成种种颜色,在太阳的照射下,色彩纷呈。

美丽的雷克雅未克港,在暖流的温暖怀抱中,实现了终年不冻的奇迹,在北极圈旁续写着冰雪中繁华大港的传奇!

68. 奥斯陆港

挪威第一大集装箱港口

奥斯陆港是挪威的第一大集装箱港口。海港由群山环抱,港阔水深,是天然良港。海港终年开放,年货物吞吐能力约 2000 万吨,全国进口商品有半数以上经该港输入。

依托城市发展

奥斯陆港所在的城市奥斯陆是挪威的首都。凭借这一优越条件,奥斯陆港拥有本国和来自世界其他国家的航运公司 130 余家,其铁路亦贯通国家东西,还与德国和丹麦通有汽车轮渡,与美国、英国和加拿大也有定期的客运轮船来往。该港于 2003 年在集装箱码头上引进了 4 台电子自动遥控的伸缩式岸边装卸桥,大大提高了集装箱装卸能力,拥有了良好的发展前景。

⬆ 奥斯陆港局部

维京文化

历史上,奥斯陆曾是挪威征服海洋的中心。古代挪威人被称为维京人,他们以令人可怕的海上攻击力和难以置信的创造力闻名于世。从 8 世纪到 11 世纪,他们一直侵扰欧洲沿海和英国岛屿,其足迹遍及欧洲大陆至北极的广阔疆域,欧洲这一时期被称为“维京时期”。对于祖先的历史,挪威人颇为自豪,并且认为海盗是勇敢者的化身,是不畏艰险、勇于开拓进取的象征。

传承和延续

北欧史诗般的年代早已过去,维京人的传奇故事也变得遥远而陌生。但奥斯陆这座城市和海港的发展与繁荣,却得益于祖先传承下来的那种不畏艰险、敢于开拓的精神,而不断延续。

↑ 格但斯克港一角

↑ 格但斯克港局部

69. 格但斯克港

波兰第一大港

格但斯克港位于波罗的海南岸格但斯克湾畔,是波兰第一大港口,设有自由贸易区。格但斯克是欧洲最重要的造船业中心之一,拥有全国 50%的造船能力。由于北部盛产波罗的海琥珀,波兰成为世界上琥珀储量极为丰富的国家之一,而格但斯克便成了世界上最大的琥珀贸易集散地。

因港兴城,地理要冲

格但斯克是一个围绕港口形成并发展起来的城市,港口也是该市生存与繁荣的命脉所在。航运与港口贸易始终是这座城市赖以生存与发展的根基,因港而兴是这座城市最大的特点。

格但斯克港作为波罗的海沿岸地区一个重要的航运与贸易中心,得益于它优越的地理位置。由于控制了维斯瓦河的入海口,格但斯克很早就发展成为欧洲最繁荣的航运业和国际贸易中心之一。

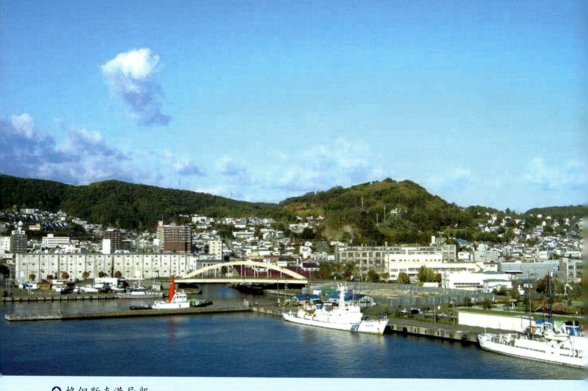

⬆ 格但斯克港局部

兵家必争之地

格但斯克在历史上最引人注目之处，就是 1308 年条顿骑士团征服该市以后的 600 多年间，它一直是波兰和普鲁士这两个民族争夺的要地。在"二战"前的 600 多年中，波兰和德国对这座城市的争夺从未停止，而致使其 7 次易主，还曾两次成为自由市。格但斯克独特的历史命运造就了今日多民族共居和多元文化融合的繁荣局面。

加强合作，共赢未来

格但斯克的港口贸易，对于波兰全国的经济发展具有举足轻重的作用。

2014 年 4 月，波兰格但斯克港与中国台湾高雄港缔结为姊妹港，加深双边港口合作。两港建立长久友好关系，有利于增进两港繁荣与共同发展，这对两地经贸发展有实质效果。

70. 里斯本港

葡萄牙最大港

里斯本港位于葡萄牙西南海岸,濒临大西洋的东侧,是葡萄牙最大的港口,年货物吞吐能力 3000 多万吨,曾是 16 世纪大航海时代欧洲最兴盛的港口之一。

"不沉的航空母舰"

葡萄牙历来有"软木王国"之称。软木树,也被葡萄牙人称为"国树",广泛用于建筑、车辆和宇宙飞船上。葡萄牙的软木种植和加工在全世界占有重要地位,里斯本港更是世界上最大的软木输出港。

里斯本港的战略地位十分重要,在北大西洋公约组织防务系统中,有"不沉的航空母舰"和"葡萄牙战略三角"之称。里斯本还是战略要地,为葡萄牙海空军事基地。

殖民时代欧洲最兴盛的港口之一

葡萄牙帝国,是世界历史上第一个全球性帝国,也是欧洲建立最早、持续时间最长久的殖民帝国(1415 ～ 1999 年)。里斯本港作为当时欧洲最兴盛的港口之一,对葡萄牙海洋探索和海洋霸权的开启发挥着至关重要的作用。随着新航路的开辟和新大陆的发现,里斯本也成为葡萄牙航海事业和对外进行殖民地扩张的中心和根据地。

青岛的友好城市

2010 年,里斯本与中国青岛结为友好城市,两座城市都是海滨港口城市,两市建立友好城市关系将为增进双方的合作翻开新的一页,为两市的合作发展带来了契机。

第三部分

大洋洲海港

　　南半球的大洋洲,身处洋中,依靠巍巍海港,连通世界。墨尔本港活力四射,随行聚力;悉尼港典雅旖旎,流光溢彩;珀斯港隐身于海,却不曾被人遗忘;奥克兰港助力经济,繁华忙碌。散落在大洋洲沿岸的海港,为大洋洲与世界的沟通搭建了平台。

71. 墨尔本港

天然良港

墨尔本港位于菲利普港湾北侧的霍布森斯湾内,地处澳大利亚东南部维多利亚州南部沿海的亚拉河口,在亚热带季风气候区内,是澳大利亚的天然良港。充满活力的墨尔本港,是澳大利亚最繁忙的水上货运港口。

澳大利亚最大港口

墨尔本港是澳大利亚最大的现代化港口、最繁忙的集装箱港,以港口吞吐量和面积计算都是澳大利亚的第一大港口。墨尔本港港区面积143000平方米,全港有80多个泊位,集装箱装卸量居南半球首位。海港拥抱着亚拉河港区、亚拉维尔港区、新港区、威廉斯顿港区、墨尔本城港区和韦布港区;有四大集装箱码头,分别为斯旺松码头、维布码头、维多利亚码头及阿普尔通码头

"南半球伦敦"

墨尔本因"淘金热"的兴起而富裕,以城市绿化、时装、美食、娱乐及体育活动闻名世界,有"南半球伦敦"之称。她美丽典雅,维多利亚式的建筑物处处可见,歌剧院、画廊、博物馆氤氲着文化的气息,花园内群芳争艳,街道上绿树成荫。这里还有世界上最小的企鹅,菲利普岛便是企鹅的欢乐天堂。

72. 悉尼港

城中港

悉尼港,又称杰克逊港,位于澳大利亚东南沿海,东临太平洋。河流和港湾把悉尼市区分割为南、北两部分,是悉尼的繁华地带。悉尼港因此有"城中港"之美称。悉尼港口小湾大、水深港阔、位置隐蔽,能抵挡太平洋上的风浪,是世界上著名的天然良港。

环形码头

悉尼港年吞吐量3000万吨,约占澳大利亚总量的1/3,货运量居全国首位。港区有码头泊位12个,岸线长2421米。悉尼港是澳大利亚进出口物资的主要集散地、第二大集装箱港口。

⬆ 夜幕中的悉尼港

悉尼港是澳大利亚唯一拥有两个专用邮轮码头的港口,它的环形码头是渡船和游船的离岸中心地。渡船、游艇、汽艇、远洋班

⬆ 悉尼海湾大桥

↑ 悉尼港局部

轮和划艇,在海港内外穿梭。多年来,27 条固定航线从环形码头伸展出去;
渡轮码头设有 5 架小飞轮,是悉尼港与帕拉马塔河公众渡轮航线的终站。

海上"雪梨"

悉尼,我国港台地区称其为"雪梨",是名副其实的海上都市。悉尼港、
悉尼歌剧院与悉尼海湾大桥是其标志性建筑。

位于悉尼核心地带的悉尼港,举世闻名;悉尼歌剧院的白色壳片群犹
如一组扬帆出海的船队,雄伟瑰丽;悉尼海湾大桥似一道横贯海湾的长虹,
巍峨俊秀,气势磅礴,与悉尼歌剧院隔海相望,成为悉尼的象征。在斜阳的
金晖中,三者映衬着变幻的霞光,海面上的倒影渐渐淡去,斑斓的光带开始
闪亮。

73. 珀斯港

世界上最孤独的城市

珀斯港位于澳大利亚西南海岸的斯旺河口。珀斯,被誉为"世界上最孤独的城市",因为从空中俯瞰,它犹如茫茫大海中的一座航标。其实,珀斯港并不孤独,因为这里是黑天鹅的乐土。有黑天鹅做伴,珀斯港倒也显得别有一番风情。

资源大港

珀斯,是个资源富足的地方。金、铁、镍、铝土、金刚石、矿砂、煤炭、石油以及天然气等都储量丰富。平日里,珀斯港进进出出很多物资,来来往往许多船只。这里进口的物资如何运送到澳大利亚东部地区呢? 最主要的运输方式还是火车!

⬆ 珀斯港局部

珀斯海滩

气候温和、景色别致的珀斯,早已习惯了海滩的点缀。在珀斯,许多著名的海滩,景色优美得令人咋舌。瞧,这里有纯净、零污染的科特斯鲁海滩,也有冲浪胜地斯卡伯勒海滩,还有大大小小各具特色的美丽海滩。也正是它们的存在,让珀斯魅力独具。

74. 奥克兰港

新西兰最大港

奥克兰港位于新西兰北岛豪拉基湾畔,是该国最大的海港、航运中心,重要的海军基地,还是其重要的国际交通枢纽,该国北部地区的畜产品集散地。

特点鲜明

新西兰共有 11 个集装箱港口,以奥克兰港规模最大,占新西兰港口集装箱吞吐总量的 38%。此外,奥克兰港的集装箱码头还在向东填海扩建,并正与邻近的水深条件更加优越的塔伦港进行联合。

↑ 奥克兰港局部

奥克兰港十分重视环境保护,由于港口紧邻市区,为了降低噪音,还专门从欧洲进口了降噪音的码头机械设备。

宜居之城,船帆之城

奥克兰所处的地理位置优越,有利于它开展丰富多彩的海上运动。航海活动在奥克兰广受欢迎,其私人船只的人均占有比例创世界之最。因此,奥克兰被誉为"船帆之城"。

奥克兰有超过 300 个花园,还有数十个可以供人们游泳的海滩,遍布幽静小岛的海岸,使奥克兰成为世界著名的旅游胜地和移民之城,并于 2007 年被评为"世界最佳居住城市"第 5 名。

助力城市发展

如今,作为新西兰最大海港,奥克兰港为新西兰提供了 20 万个就业机会。奥克兰港与塔伦港的联合,将进一步助力城市扬帆起航!

第四部分

北美洲海港

　　北美洲海港，受益于发达国家的繁华，助力经济腾飞的步伐。卓越的温哥华港，繁华的纽约港，夺目的洛杉矶港，活力四射的旧金山港……座座港口实力雄厚。这片怀抱梦想的土地，由于众多海港的存在，开创着海洋航运的辉煌，影响着全球蓝色经济的发展！

75. 温哥华港

终年不冻

温哥华港位于加拿大西南部不列颠哥伦比亚省南端的弗雷泽河口、巴拉德湾内,濒临乔治亚海峡东南侧,靠近美国华盛顿州。因外围温哥华岛的保护,潮差较小;又因阿拉斯加暖流带来的暖意和温带海洋性气候的影响,海港终年不冻。

加拿大最大港口

温哥华港是加拿大最大港口,北美航线上的第三大港口。港区有内、外港之分,现有 27 座码头,年货物吞吐量可达 7000 多万吨。温哥华成为加拿大西部的工商业、交通、科技和文化中心,引领着整个国家的发展。

受益于便利的交通,温哥华港十分活跃。其有通往全国各地的 4 条铁路线和多条公路线,向东可达大西洋岸,向北延伸至本省北部的许多城市和地区,向南可通向美国的铁路、公路;有多条天然气和石油管道通向港口;温哥华国际机场经多条定期航线连接世界各地。

宜居多元

温哥华温润宜人,清爽美丽。她连续多年被评为"世界最适合人类居住的城市"。冰山下众岛点缀海湾,绿意盎然,风景如画,四季风景各逞风姿,被誉为世界上最漂亮的城市之一。

这里汇集了原住民、欧洲裔及亚洲裔居民,包容着多元的文化和传统、多样的民俗风情和深厚的历史积淀。

76. 多伦多港

文化交汇点

多伦多港位于加拿大东南部安大略湖西北岸,是加拿大的主要港口之

一。享有"文化城"美誉的多伦多受东西方文化的浸润,各民族在这里保持着自己优良的文化和艺术传统,这里还坐落着加拿大著名的高等学府多伦多大学。

加拿大的大商港

多伦多港分内、外港两部分,港区主要码头泊位有 20 个,岸线长 3490 米,是加拿大的大商港。多伦多港是加拿大重要的货物集散中心,港运繁忙。其地理位置优越,与首都渥太华及蒙特利尔港都很近。铁路可抵西部沿海的温哥华港,具有国际多式联运的优势。港口距国际机场约 27 千米,机场每天有定期航班飞往世界各地。

艺术之都

多伦多不仅是一座展现艺术的城市,她本身就是一件精美的艺术品!漫步在多伦多的街头,有如在

⬆ 多伦多港局部

欣赏一幅徐徐展开的画卷,街头表演也为之增色。安大略省美术馆是艺术爱好者的必到之处……全市上百个美术馆和博物馆更是增添了多伦多的艺术氛围。

⬆ 纽约港夜景

77. 纽约港

世界最大海港之一

纽约港,地处美国东北部,坐落于哈得孙河河口,东部濒临大西洋,是世界上面积最大的海港之一。纽约港包括三个港区:纽约、新泽西、纽瓦克。由于纽约和新泽西两州港口设施均分布于此,故而,纽约港又被称为纽约-新泽西港。由于邻近全球最繁忙的大西洋航线,并且与五大湖区相连,纽约港是美国重要的产品集散地。此外,纽约港在欧美交通中心线、全球航运交通枢纽中都占有非常重要的地位。

多式联运

作为北美洲最繁忙的港口之一,纽约港整天都得迎接来自世界各地的物资,并将这些物资通过铁路、航空、公路等运输方式运送到各个目的地。纽约港每年的对外贸易总值占美国的 40% 左右。面对如此繁重的贸易重任,纽约港并不感到压力重重,因为这里有全美国最大的交通枢纽。优良的多式联运,足以让纽约港轻松地与内陆市场紧密相连。随着贸易规模的不断增加,纽约这座"移民之城"的风采进一步彰显。

温故历史

纽约港的最初开辟者和建设者并非美国人,而是荷兰人。早在 1614 年,在荷兰人彼得·史蒂文森的治理之下,纽约港初见规模。之后,纽约港被英国人接手并经营,成为英国殖民地的主要港口。美国独立战争胜利之后,美国人对纽约港进行了大规模的建设和改造。由于纽约港具有优越的自然条件,加上后续不断发展,1800 年成为美国最大海港。

78.西雅图港

北美通往远东的门户

西雅图港,是美国西北部最大的集装箱港口,美国的第二大集装箱港。作为北美通往远东的门户,西雅图港名副其实。与两条横跨北美洲的铁路线相衔接,使西雅图港成为北美大陆桥不可或缺的重要港口。

集疏运先锋

身为美国西海岸最大、最高效的集装箱港口和货运中心,西雅图港率先完善了集装箱港和集疏运系统,使得多种经营、多式联运非常发达。实力不菲的西雅图港,在太平洋北部也赫赫有名,是著名的转口港,被誉为"太平洋北部的门户港"。

⬆ 西雅图港局部

时代弄潮儿

19世纪末的"淘金热"为西雅图发展成为当时美国大北方铁路的重要终端提供了契机。巴拿马运河通航、思密斯湾码头及杜瓦米什水道得以开发后,西雅图港的建设进一步加快。"二战"之后,在当地船舶、飞机制造工业迅速发展的背景下,西雅图港抓住时机,投巨资修建,成功跻身世界集装箱大港之列。

79.洛杉矶港

美国西海岸的明珠

洛杉矶港位于美国西南部加利福尼亚州西南沿海圣佩德罗湾的顶端，濒临太平洋的东侧。洛杉矶港犹如美国西海岸的一颗明珠，在太平洋岸边散发着耀眼的光芒。

美国第一大集装箱港

洛杉矶港是美国西海岸最大的商港，美国第一大集装箱港口，也是世界上最大的人工港口之一。洛杉矶港拥有27个码头港区，由洛杉矶港和长滩港组成。港区面积约3037万平方米，岸线总长约61千米，泊位270个，年货物吞吐量达到1.2亿吨。洛杉矶港是美国东西向主要干线圣菲铁路的西部桥头堡。近年来，连通美

↑ 洛杉矶港局部

国东、西部地区的双层集装箱专用列车的开通，使它更加富有活力，集装箱吞吐量大幅度增加，于2000年超过纽约港跃居全美第一位。

天使之城

1769年天主教圣母节第二天，西班牙远征队来到洛杉矶寻找开设教会的地点，1781年在此建镇，并赋予它"天使之城"的美名。

洛杉矶风光旖旎，沙滩一望无垠，阳光明媚温暖；又极具大都市气派，集繁华与宁馨于一身，电影王国好莱坞闻名遐迩，迪斯尼乐园更是大名鼎鼎的游乐园地。

80. 巴尔的摩港

湾中之湾

巴尔的摩港位于北美东海岸中部，在切萨贝克湾北端西岸的帕泰帕斯柯河两岸。航道又宽又深，港口深入大湾深处，成为"湾中之湾"。这里水静波平，是从东部海岸到西部内陆市场极具竞争力的港口。

美国马里兰州最大港口

巴尔的摩港是美国马里兰州最大的港口，全州陆海空交通运输线路在此汇集。巴尔的摩港深入内地近300千米，万吨海轮依旧可以在港内通行。如此深入内陆的海港在世界上并不多见。巴尔的摩港背靠华盛顿，直通中西部各州，地处美国东北部经济发达区内。其码头岸线总长70千米，海轮泊位有200多个，港运十分繁忙。

不朽城

因海港而兴起的巴尔的摩是美国东部重要的文化城，有"不朽城"的美誉。独立战争爆发时巴尔的摩港为繁忙的造船中心。当时所造的帆船速度极快，被誉为"巴尔的摩快船"，在航海史上赫赫有名。在海洋方面，堪称"水晶宫"的国家水族馆最引人注目，其展出的5000多种水生生物，向人们展示着海底世界的奥秘。

81. 旧金山港

西海岸门户

旧金山港素有美国"西海岸门户"之称,年吞吐量5000万吨。港口设施优良,港内有三条横贯大陆的铁路通达各地,公路网稠密,便于水陆联运,是美国太平洋地区主要的贸易通道。

港口历史

旧金山港最早的兴起和发展可追溯至加州"淘金热潮"初期。进入20世纪后,特别是巴拿马运河通航后,旧金山港迅速发展成为国际性港口。到了20世纪中后期,旧金山作为加州最大的制造中心被洛杉矶超越,其码头传统的海上运输功能被大大削弱,旧金山港也因此有所衰落。自20世纪末至今,旧金山港根据城市发展重新定位,采取了一系列振兴计划,使自身保持美国太平洋沿岸第二大港的地位。

旧金山的华人印记

旧金山是美洲华人数量最多的聚居地,华人给这座城市打上了深深的烙印。历史上,旧金山是华人赴美的第一站。众多华人和其他种族的人将多彩的文化和精湛的技艺带到了旧金山,促成了旧金山今日的繁荣,而华人勤奋创业的精神更是令人印象深刻。

奇迹之城

旧金山的魅力在于它是一种奇迹,一种在"淘金热潮"中所创造的奇迹,旧金山港也是如此。它是美国与亚太、墨西哥和拉美国家进行贸易往来的门户,将对美国西海岸经济发展发挥其越来越重要的作用!

82. 诺福克军港

全球第一大军港

诺福克军港为美国东南部弗吉尼亚州的一个港口,为区域造船业中心,石油加工、汽车装配以及海运业都很发达。诺福克这座城市身兼弗吉尼亚州第一大城市和港口的双重身份,但令人印象深刻的却是:这里是美国最大的海军基地,也是全球第一大军港。

美国海军的灵魂

诺福克军港是世界上最大的海军港口,也是美国海军最大的航母母港,美军近半数核动力航母都在此部署,被称为"美国海军的灵魂"。这里驻有美国海军司令部、大西洋舰队司令部和第二舰队司令部三级海军班子,拥有十几座军用码头、机库和一条跑道。部署着美国现役全部11艘航母中的5艘,还有多艘导弹巡洋舰、导弹驱逐舰、护卫舰等,阵容可谓奢华!

在战争中兴起

1917年,战争的爆发让诺福克军港一跃成为美国最重要的海军基地:日军偷袭珍珠港后,美国为了快速备战的需要和发展后勤支援,在这里组成了当时全球最强大的混编舰队。诺福克军港最终因其庞大的规模、先进的设施、适宜的地理位置成为美国海军基地的首选。

2007年4月,中国海军司令吴胜利将军访问美国,美方首度向中国海军将领敞开诺福克海军基地,预示中美军事交流进入新阶段,对促进两国海军之间的相互了解和信任、推动交流与合作起到了积极作用!

⬇ 诺福克军港局部

83. 太子港

海地最大港口

太子港是海地最大港市,吞吐量占全国进出口物资的60%～70%,建有国际机场,设有国际航线通加勒比海诸岛。

基础薄弱,发展缓慢

太子港所在地区处于环太平洋地震带上,地震频发,曾多次遭受地震、飓风和战火破坏,城市发展缓慢。2010年海地地震,对太子港破坏最为强烈,由于本身建筑质量不高,港口设施受损严重。

经济落后,战争频发

海地是世界上最为贫困的国家之一,经济以农业为主,基础设施建设非常落后。

在近现代世界舞台上,海地国内局势动荡、战争频发。作为首都的太子港经历了近10年来该国的局势变幻。

海地地震后,国际社会全力帮助海地开展经济重建,太子港港口作为全国经济中心的最大港口,在重建过程中发挥着重要的作用。各国人民都希冀在国际社会的帮助下,海地实现安定与发展!

↑ 太子港局部

第五部分

南美洲海港

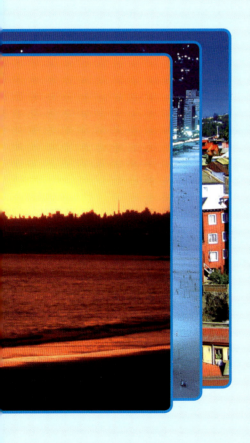

　　里约热内卢港的浪花拍打着狂欢节的旋律,伊基克港吹奏着前进的号角,瓦尔帕莱索如同色彩斑斓的天堂。豪情满怀的南美洲大陆,风格独具的南美洲海港,踏着青春欢快的舞步,舞出海洋航运的传奇,舞出南美洲人民的豪放!

84. 布宜诺斯艾利斯港

阿根廷最大海港

布宜诺斯艾利斯港位于阿根廷首都,是大西洋沿岸重要港口,也是阿根廷最大的对外贸易港,有规模很大的肉类加工、制革工业。港口年吞吐量在 3000 万吨左右,占全国外贸出口的 50%、进口的 60%。

因地制宜,特色发展

阿根廷是世界上最大的农牧产品生产国和食品出口国之一,农牧产品

及其加工品约占全国出口总值的 80%。布宜诺斯艾利斯港向外输出的商品货物主要是其经济腹地的产品,包括牛肉、皮革、羊毛、谷物和亚麻籽等。

深圳港的友好港

2008 年,中国和阿根廷双边贸易总额约为 144 亿美元,中国已成为阿根廷的第三大贸易伙伴。2009 年 10 月,布宜诺斯艾利斯港与中国深圳港签署协议,两港建立友好港关系。随着中国、阿根廷以及南美经济的增长,两港的合作将获得更大的空间。

⬆ 布宜诺斯艾利斯港局部

85. 里约热内卢港

世界天然良港

里约热内卢港位于巴西东南部,南临大西洋,在美丽的瓜纳巴拉湾的怀抱中。港湾腹宽口窄,外有岛屿的保护,港内风平浪静;港口依山面海,在当地地形和大西洋的影响下,港区气候宜人,是世界三大天然深水良港之一。

巴西最大进口港

里约热内卢港是巴西最大的进口港,也是南美洲主要的海港之一。

全港码头岸线总长7500多米,共50个泊位,吸引了众多船只在这里停泊,是南美洲最大的船只停泊中心之一。港口年吞吐量3500吨以上,占全国进口量的1/4和全国出口量的1/5。

里约热内卢港在全国交通上的地位十分重

⬆ 里约热内卢港局部

⬆ 里约热内卢局部

要,闻名于世的尼泰罗伊大桥将海湾两端连接,成为全国各地交通网络的起点。

"一月之河"恣意狂欢

1502 年,葡萄牙船队发现了瓜纳巴拉湾,恰逢阳光灿烂,鲜花盛开,水手目睹如画海湾,唤其为"一月之河"。

狂欢节、桑巴舞、足球赛,里约热内卢恣意狂欢、热情奔放!狂欢节上人声鼎沸、万头攒动,艳丽的服饰、强劲的音乐、火辣的桑巴舞让人流连忘返。在巴西,足球就是生活,这里是名副其实的"足球王国"。

86. 萨尔瓦多港

天然深水良港

萨尔瓦多港位于巴西东部沿海托多斯奥斯圣托斯湾东岸入口处,濒临大西洋的西南侧。这里港阔水深,是南美洲著名的天然深水良港。港口长长的防波堤,阻挡着海浪的冲击,保护着萨尔瓦多港。

⬆ 萨尔瓦多港局部

古老大港

萨尔瓦多港始建于 1549 年,是巴西最古老的海港。如今港区主要码头泊位有 12 个,岸线长 2808 米。码头最大可停靠 10 万载重吨的散货船,15 万载重吨的油船。南防波堤由陆地向西北伸展,北防波堤孤悬在港区之外。沿着海港伸展着四座码头:沿海船码头、远洋船码头、连接码头和十米码头。港口交通运输网络发达,有公路及铁路与国内线路相接,还有连接国内各地机场的航线。

黑色的罗马

萨尔瓦多在西班牙语中意为"救世主",起源于哥伦布率领舰队启程驶向"天边",以证明"地球是圆的"的航海活动。经过漫长的海上漂泊,在航行后期的艰难时刻,一座小岛出现在大家的视野里,这个岛便是萨尔瓦多。

在这里,十六七世纪时期的教堂各式各样,享有"黑色的罗马"之美称。哥特式教堂造型挺秀,巴洛克式教堂线条起伏而有动感,最大的是瓦西利亚教堂,最古老的是马特里斯·圣母康塞桑教堂。

古老的萨尔瓦多港,经过历史风雨的洗礼,留下的是巍然大港的厚重。

87. 蒙得维的亚港

乌拉圭海上门户

蒙得维的亚港，是乌拉圭最大的海港，也是南美洲的主要港口之一。说到我国与蒙得维的亚港的关系，那就得说说南极了。要知道，在我国大型渔船远赴南极捕捞磷虾的航程中，船只所需要的补给多是在蒙得维的亚港获得。

商贸发达

蒙得维的亚港有内、外港之分。每年，蒙得维的亚港的进出口贸易物资能占到乌拉圭全国的 90%，由此可想象出这里的繁忙景象。除了货轮之外，港口还经常会停靠豪华邮轮。吸引这些豪华邮轮来到这里的原因并非蒙得维的亚港发达的贸易，而是优美的自然风光。

"阳台王国"

蒙得维的亚，因阳台而闻名，是举世无双的"阳台王国"。这里的阳台最忌讳样式单一、设计雷同。远远看去，形态各异、精美绝伦的阳台，构成了蒙得维的亚独有的风景。

↑ 蒙得维的亚港局部

88. 瓦尔帕莱索港

海上门户

瓦尔帕莱索港坐落在智利中部沿海瓦尔帕莱索湾南岸,濒临大西洋东南侧。港口三面环山,一面临海,港湾开阔,坚固的防波堤阻挡风浪的侵袭。瓦尔帕莱索港是智利首都圣地亚哥的海上门户,是南美洲太平洋沿岸最大的深水良港。

智利最大海港

瓦尔帕莱索港是智利最大海港。港区主要码头泊位有 10 个,岸线长 1685 米。瓦尔帕莱索港还是"智利港口之都"、全国工商业的中心。港口附近还有南美洲最有名的海水浴场,被誉为"南太平洋的珍珠"。

瓦尔帕莱索港是重要的交通枢纽,是南美大陆桥西部桥头堡。这里连接着横贯南美洲东西的铁路。其电气化铁路直达圣地亚哥,铁路、公路及航空则通向全国各地,港口距国际机场约 90 千米。

"天堂谷地"

瓦尔帕莱索,在西班牙语中意为"天堂谷地",即如天堂般色彩斑斓!

瓦尔帕莱索镶嵌在高山与大海之间,有色彩绚烂的建筑和繁忙的港口。这里的房屋被涂成各种颜色,赤橙黄绿,异彩纷呈。傍晚时分,山城的彩色房子,浸入金色余晖之中,格外迷人。

彩色的港城,缤纷的海港。美丽的瓦尔帕莱索港,装点着色彩斑斓的港城,勾勒出华丽缤纷的智利最大海港的景象!

89. 伊基克港

美丽天然港口

在太平洋东南侧，智利北部沿海伊基克湾内塞拉罗半岛的北岸，坐落着宏大的伊基克港。这座快速发展的天然港口，推动着伊基克的经济发展，使之成为南美洲经济发展最快的城市之一。

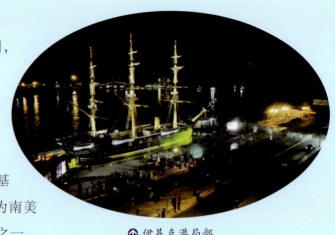

⬆ 伊基克港局部

智利主要硝石输出港

智利是世界上主要生产天然硝石的国家，伊基克港是智利主要的硝石输出港。海港面积 68 万平方米，港区主要码头泊位有 6 个，岸线长 1110 米。伊基克港发达的交通网、强大的海运能力以及独特的地理优势，为国际商家提供了一个接近南美市场的优质贸易平台。

运动娱乐集合地

激浪、沙漠以及少雨的气候，使伊基克成为为数不多的极限运动集合地，成为开展世界级滑翔伞运动的城市之一。温暖的海水、白色的沙滩以及四季如春的气候，使伊基克成为娱乐的美丽天堂！太阳落山，公园里到处是种种夜间表演，海岸还可以进行多种多样的体育娱乐活动，热闹非凡。

第六部分

非洲海港

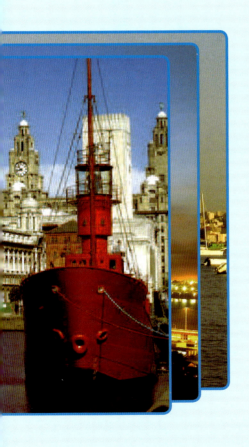

　　这是一片炽热奔放的热土,茫茫沙漠之畔,座座海港带来清凉。这是一片南北迥异的大陆,北部海港静若女子,旖旎温婉,迎来送往;南部海港似铮铮铁汉,蓬勃昂扬,繁忙熙攘。非洲海港,格调独特,一面刚毅坚定,一面水袖翩跹,承载着非洲人民的勤劳与智慧,为航船营造温暖的海湾。

90.休达港

离欧洲最近的非洲港

休达是西班牙在海外的自治市之一,坐落于北非马格里布的最北部,与摩洛哥接壤,是离欧洲最近的非洲港口。休达面积不大,人口也不多,虽地处非洲,但是这里的居民以西班牙人占多数。

是自由港,也是低税区

1986年之前的休达港,一直是一个自由港。西班牙加入欧洲联盟之后,休达转身成了欧盟货币体系内的低税区。无论角色如何转变,休达港服务世界的本质并未改变。

历史变迁

在历史上,休达的归属几经变化。自公元前7世纪到8世纪初,休达先后被腓尼基人、希腊人、罗马人、汪达尔人、拜占庭人、西哥特人、阿拉伯人占领。从8世纪初至15世纪初,休达归属摩洛哥。1415年,葡萄牙占领休达。 1580年,休达又被西班牙夺取。1688年,《里斯本条约》将休达正式划归西班牙,归西班牙加的斯省管辖。

“休达”一词在西班牙文中的寓意是天外“飞地”。希冀它能大地飞歌,展望未来。

↑ 休达港局部

91. 亚历山大港

埃及最大港口

亚历山大港是埃及最大海港，设有自由工业区，西北临地中海。古代，曾被意大利旅行家马可·波罗称为与中国刺桐港（今泉州港）齐名的世界大港之一。

世界棉纺织业基地

亚历山大港年吞吐量3000万吨，埃及全国大部分货物都经该港进出。棉花、棉纱和棉布是亚历山大港最主要的出口物资。这里也是闻名世界的棉花市场、全国最大的纺织工业中心，当地棉花生产占农业总产值的1/2。

古希腊文明的灯塔

亚历山大是埃及的历史名城，它不断传播地中海文化，堪称"古希腊文明的灯塔"。始建于公元前3世纪的亚历山大图书馆，为当时世界上最大的图书馆。公元391年，罗马帝国驻埃及的阿非罗教主下令烧毁亚历山大图书馆的藏书，埃及古典文化时期结束，欧洲中世纪文化时期开始。

"白色大理石反射的月光令城市如此明亮，以至于裁缝不用灯光就能把线穿入针孔。进城时，士兵遮住眼睛以防大理石反射的炫目光芒。"阿拉伯史书中的一段记载，道尽亚历山大城昔日的荣耀。今日的亚历山大港不断发展壮大，将延续昔日的辉煌！

↓ 亚历山大港局部

92. 苏伊士港

苏伊士奇迹

苏伊士港位于埃及红海苏伊士湾北部海岸,苏伊士运河南端出口。而苏伊士运河则是一条极具战略意义的国际航运水道,同苏伊士港一起,造就着苏伊士航运的奇迹。

埃及国际港口

苏伊士港是埃及重要的商港,1867 年苏伊士运河开通后,苏伊士港就成为重要的国际港口。

苏伊士港坐拥易卜拉欣港、马拉基卜码头、新城油港区、阿达比亚码头。易卜拉欣港由突堤码头围成,是苏伊士港最主要的货物装卸区;马拉基卜码头在运河出入口东岸,码头上有铁路通达四面八方;新城油港区则有 6 个泊位。港口还有铁路和高速公路通往开罗和塞得港。

"东方伟大的航道"

港市苏伊士以苏伊士运河闻名于世。100 多年前,马克思就称此运河为"东方伟大的航道"。苏伊士运河连接着欧亚的南北双向水运,大大节省了航程。其使用国家之众,过往船只之多,货运量之大,在世界人工运河中名列前茅。

93.塞得港

埃及第二大港

塞得港位于埃及东北部,是埃及第二大港,也是埃及政府的自由港和经济区,在军事、经济上都具有特殊的地位。港区水域23万平方米,每天可接纳200多艘船只通过运河。这里还有完善的仓库和修船设备,装卸实现了自动化。

世界最大的煤炭、石油贮运港之一

19世纪末,塞得港曾是世界上最大的加煤港,现在则以供应石油为主,是世界上最大的煤炭、石油贮运港之一。塞得港也是连通阿拉伯东方和阿拉伯西方(马格里布)国际公路的节点,地处苏伊士运河与地中海的交汇点上,地理位置十分重要,兼有城市、港口和运河三种特色,这在世界上也十分少见。

重要的集装箱港

由于苏伊士运河沟通了地中海与红海,扼欧、亚、非三大洲的航运要冲,使塞得港的集装箱货运量大增,埃及首都开罗和其他地区也出现了从未有过的繁荣景象。

⬆ 塞得港局部

94. 卡萨布兰卡港

摩洛哥最大港口

卡萨布兰卡位于摩洛哥西北海岸,气候宜人、风光秀丽,是非洲著名的旅游城市。卡萨布兰卡港,不仅是摩洛哥最大的港口,更是非洲第二大商港。

发展历程

卡萨布兰卡始建于 1770 年,是摩洛哥的经济及交通中心,拥有全国约 4/5 的现代工业,工业产值约占全国总产值的 2/3。港口年吞吐量 2000 多万吨,全摩洛哥 70% 的货物经该港进出口。

↑ 卡萨布兰卡城市风光

卡萨布兰卡港是该国进出口商品的集散地,还是一个重要的渔港。随着摩洛哥对外贸易的快速增长,该港的货物吞吐量不断攀升,港口相应的服务及设备却仍旧滞后,货物装卸速度慢,导致大量货物滞留此地。近年来,摩洛哥政府采取一系列措施扩大仓储面积,简化出关手续,规范港口秩序,使货物停滞问题得到了一定程度的缓解。

哀婉的殖民历史

卡萨布兰卡早在 15 世纪中下叶就曾被葡萄牙人占领,也曾被西班牙人取得该港口的贸易特权。20 世纪初,卡萨布兰卡被法国占领,成为法国在非洲的势力中心。第二次世界大战期间,摩洛哥由西班牙和法国分别占领,同时还有德军进驻,而卡萨布兰卡是从欧洲逃往美国的必经之地,也是北非最重要的国际情报交换站,地位非常重要。

真正令卡萨布兰卡蜚声中外的是一部电影——《卡萨布兰卡》,它为这个港城平添了浪漫和神秘。

95. 罗安达港

安哥拉最大海港

身为安哥拉最大海港的罗安达港,也是非洲南部重要的港口之一。建于 1575 年的罗安达港,历史悠久。早年,罗安达港并不是用来进行商业贸易的,而是由欧洲殖民主义者用来买卖奴隶的。到了 1627 年,罗安达港成为南部非洲最早的殖民据点和向巴西贩卖奴隶的主要口岸。

阡陌交通

罗安达的交通运输以公路为主,也有铁路通内地,可达马兰热,境内还有宽扎河全年通航。此外,还有国际航空港。在那里,不仅容得下大型飞机起起落落,也有能便捷联络欧洲、非洲、南美洲等国家地区的定期航班。

渔民岛节

在安哥拉的首都罗安达,自远古以来就一直流传有祭海仪式,祈求渔民出海平安,海底亡灵安息。1975 年,安哥拉获得独立,罗安达市政府在祭海习俗的基础上,正式创立了渔民岛节。节日里,最引人瞩目的是表现渔民与大海搏斗、出海归来与家人团聚的传统舞蹈。

🔽 罗安达港局部

96.达累斯萨拉姆港

东非著名港口

达累斯萨拉姆港坐落在坦桑尼亚东部沿海的达累斯萨拉姆湾的怀抱中,是东非著名的港口之一。港区水深浪静,四季畅通无阻。港口水域约有95万平方米。

坦桑尼亚最大的港口

达累斯萨拉姆港实力强劲,是坦桑尼亚最大的港口和有名的国际化港口。港口宽广,有主要码头泊位11个,岸线长2016米,交通网络发达。以达累斯萨拉姆为起点的中央铁路横贯坦桑尼亚;我国政府援助建成的坦赞铁路,以达累斯萨拉姆为起点,全长1860千米,连通了坦桑尼亚与赞比亚,也促进了坦桑尼亚国民经济的发展。港口的工业产值十分突出,占全国的一大半。

⬆ 达累斯萨拉姆港局部

和平之港

达累斯萨拉姆,阿拉伯语意为"和平之港",是中国古代"海上丝绸之路"沿线城市。这里还是北京奥运会火炬传递途经的唯一非洲城市。

这里巍然屹立着"光明之山"乞力马扎罗山。市中心独立广场上矗立着庄严雄伟的火炬纪念塔,镌刻着"自由与团结",象征坦桑尼亚人民热爱自由和独立。

↑ 德班港局部

97. 德班港

非洲大陆的大门

德班港位于南非东部沿海德班湾的北侧,濒临印度洋的西南侧,水域面积达 16 万平方米。德班港是非洲最繁忙的港口,也是通往非洲大陆和印度洋沿岸其他国家的大门。

南非最大集装箱港

德班港于 1855 年开始扩建,现已成为非洲大陆上最繁忙的港口,是南非最大的集装箱港。如今的德班港已迈向世界,成为非洲唯一一个集装箱货运国际港。

德班港海岸线长 21 千米,拥有 57 个泊位,14 个货物集散地。港区露天堆场可存放 20 万吨货物,集装箱堆场面积 102 万平方米。港口距博塔机场约 27 千米,每天有定期航班飞往约翰内斯堡,与国内外航班相接连。

"在海港"

德班,祖鲁语意为"在海港",表达了其深深的海港情结。这是一个多元有趣的城市,兼容东西方和非洲文化传统精华,极具魅力。德班不仅保留着祖鲁式传统,还融合了现代元素。波因特码头的海上公园建起了新的游艇人工港和世界级的海洋水族馆。

↑ 开普敦局部

98. 开普敦港

南非之端

开普敦港位于南非西南沿海桌湾的南岸入口处,南距好望角 52 千米,濒临大西洋东南侧。开普敦港处于两洋交界,身处南非之端,地理位置十分重要,是欧洲船舶沿非洲西海岸驶向印度洋及太平洋的必经之路。

南非重要大港

开普敦港是南非的重要港口,年吞吐量超过 2000 万吨,深水码头可以同时停泊 40 多艘远洋巨轮。目前,每年经过好望角的船舶为 2 万~3 万艘,堪称南半球最繁忙的航道。如今,开普敦已建成可容纳 25 万吨以上巨轮停靠的码头,并建立起一个世界范围的通信网:西至南美洲,东面包括整个印度洋,南至南极海域。此通信网能对通过好望角海面的船舶情况提供准确报告,为船只保驾护航。

神秘好望角

离开普敦港不远处即为好望角,这里因神秘而闻名全球。好望角的神秘之处在于这里的风暴和巨浪。神秘可怕的"杀人浪"常常在这里出现,尤其是在冬季。其前部惊涛骇浪犹如悬崖峭壁,后部则像缓缓的山坡,再加上极地风引起的旋转浪,使得航行充满了危险。而开普敦港的存在,提供了避风的港湾,使许多货船幸免于风暴之难。

99. 拉各斯港

天然良港

拉各斯港位于尼日利亚南部沿海奥贡河口,濒临贝宁湾的北侧。拉各斯港处于几内亚湾内,可避免风浪的袭扰,港口开阔,成为天然良港。

尼日利亚最大港

拉各斯港是尼日利亚的最大港口和交通中心,推动着尼日利亚的经济发展。

如今的拉各斯港有阿帕帕和庭坎岛两个大型深水码头,有约 30 个泊位,可以停泊万吨轮船,港口一派繁忙景象。拉各斯港历经 5 次扩建,港口面积不断扩大,吞吐量迅速增长,已成为西非国家中最现代化的港口之一。

"非洲威尼斯"

拉各斯是著名的水上城市,享有"非洲威尼斯"的美誉。她拥有 6 个岛屿和周围一部分大陆,其间有宽阔的高架铁桥相连。阳光明媚,海浪轻摇,近赤道而不酷热;棕榈婆娑,椰树摇曳,水波荡漾,鱼鸥共舞,一派水城景色。

⬇ 拉各斯港局部

100. 蒙罗维亚港

利比亚最大港

蒙罗维亚是利比亚的首都,该国政治、经济、文化、交通中心。蒙罗维亚港是利比亚最大海港,位于利比亚的西南部圣保罗河河口,濒临大西洋,是西非重要的出海门户之一,也是非洲大陆距南美大陆最近的港口,年吞吐量约 1300 万吨。

自由港

1956 年,蒙罗维亚港正式成为自由港,允许外国轮船自由出入,商品可在港内自由转口第三国,允许储藏、加工、再包装,只收 1.5% 的领事费,而不收关税,从而吸引了更多的商船进港,增加了港口的劳务收入。

"船旗国"

蒙罗维亚的海运业在世界上占有特殊的地位,由于外国商船在利比亚登记收税低廉,因而悬挂利比亚国旗的商船吨位总数世界第一,使利比亚成为全球著名的"船旗国",约有 250 家海运公司,总吨位达 7000 万吨,共 2 万多艘轮船在此登记,但真正属于利比亚的不到 1%。

图书在版编目（CIP）数据

青少年应当知道的 100 个著名海港 / 杨立敏主编 . —
青岛：中国海洋大学出版社，2015.5
（海洋启智丛书 / 杨立敏总主编）
ISBN 978-7-5670-0894-6

Ⅰ . ①青…　Ⅱ . ①杨…　Ⅲ . ①海港—青少年读物
Ⅳ . ①U658.91-49

中国版本图书馆 CIP 数据核字（2015）第 089071 号

青少年应当知道的 100 个著名海港

出版发行　中国海洋大学出版社
社　　　址　青岛市香港东路 23 号　　　　邮政编码　266071
出 版 人　杨立敏
网　　　址　http://www.ouc-press.com
电子信箱　dengzhike@sohu.com
订购电话　0532 - 82032573
责任编辑　邓志科　　　　　　　　　　　电　　话　0532 - 85902495
印　　制　青岛国彩印刷有限公司
版　　次　2016 年 1 月第 1 版
印　　次　2016 年 1 月第 1 次印刷
成品尺寸　170 mm × 230 mm
印　　张　11
字　　数　80 千
定　　价　28.00 元